이와같이 살았으면

| 무비스님의 보현행원품 해설 |

문수 법공양문

법화경에, 약왕보살이 부처님 앞에서 이렇게 말씀하셨습니다.
"저희가 큰 인욕의 힘을 내어 부처님의 가르침을 독송하고,
지니고 해설하며, 옮겨 쓰고 베껴서, 여러 사람들에게
공양하는 일에 몸과 목숨을 다 바치겠습니다."
그때 세존께서는 크게 기뻐하셨습니다.
이 경전의 말씀은 자신이 가진 모든 능력과 시간과 재산과 권력과
심지어 목숨까지도 부처님의 법을 전해서 세상을 평화롭게 하고,
사람들을 행복하게 하는 일에 다 바치겠다는 서원입니다.
그리고 이 서원은 자신의 능력을 어떻게 쓰는 것이 가장
가치 있는 것인지를 가르쳐 줍니다.
문수 법공양회에서는 이 책을 _____님에게 공양 올립니다.
문수 법공양회는 부처님의 가르침을 필요로 하는 사람들에게
여러 불교경전을 무상으로 공양 올리고자 하는 모임입니다.
그리하여 많은 사람들이 부처님의 지혜와 자비의 말씀에
흠뻑 젖어들고, 그로 인해 조금이라도 더 행복해졌으면 하는
꿈을 가지고 있습니다. 혹 저희들의 이러한 마음을 이해하시는
분은 동참하셔도 좋습니다. 환영합니다.
작은 책이지만 부처님의 말씀입니다.
좋은 공양이 되기를 빕니다.

문수 법공양회 합장

무비스님의 보현행원품 해설

이와같이 살았으면

여천 무비(如天 無比) 풀어씀

서문

　사람은 어떻게 살아야 하는가? 어떻게 사는 것이 잘 사는 것인가? 한 번뿐인 인생이라 결코 연습이나 다시 사는 법도 없는 인생, 그래서 리허설도 없이 조심스럽기 이를 데 없는 인생을 어떻게 살아야 하는가.
　이 문제는 비단 종교나 철학에서만 생각하는 문제가 아니라 문학, 과학, 정치, 경제 등 인간 삶의 모든 분야의 근본이라고 생각한다.
　그러나 6천여 년의 인류역사에서 무수한 성인들이 출현하여 '인생은 이것이다 저것이다' 라고 답을 내어 놓았으나 사람들의 머리에 명쾌하게 남아 있지 못한 것이 또한 부정할 수 없는 실정이다.
　필자는 이 「보현행원품」을 읽으면서 이 가르침이야말로 짧으면서도 간단명료하게 그 의문에 대한 가장 정확한 해답을 제시하는 책이라고 생각하게 되었다. 그 이유는 세속에서의 아름다운 부인과 어여쁜 자식을 다 버리고, 아버지와 만 백성들의 기대마저 저버리고, 왕의 지위가 보장되어 있는 그 부귀공명들을 모두 포기한 채 스스로 6년의

피나는 수행 끝에 얻은 큰 깨달음의 결론이 바로 이 「보현행원품」이기 때문이다.

　이와 같은 외적 조건만으로도 그 신빙성은 충분하지만 내용에 있어서도 사람으로서 가장 아름답게 그리고 가장 의미 있고 보람 있게 사는 열 가지 덕목을 명쾌하게 제시한 것이 그것이다. 열 가지 덕목을 다시 한마디로 요약하면 "사람은 본래로 부처님이다. 그러므로 사람이 부처님이라는 사실을 깊이 이해하고 모든 사람들을 부처님으로 받들어 섬기면 진정한 평화와 행복은 보장되어 있다."는 사실이다.

　「보현행원품」은 이러한 내용들을 쉬운 말로 질서정연하게 조근조근 풀어가면서 독자들을 이해시키고 있다. 경전의 원문만으로도 훌륭하게 이해할 수 있지만 굳이 해설을 더한 것은 순전히 기우이다. 기우에서 저지른 어설픈 해설이지만 그래도 행여 도움이 되는 사람들이 있을까 하여 본인의 공부 삼아 중언부언 덧붙인 것이다.

　인생을 가장 아름답고 의미 있게 살고 싶은 사람들이나 또는 불교적 가치관으로 살고자 하는 사람들이라면 이 한 권의 「보현행원품」으로도 충분하리라 생각한다. 이러한 삶의 지침서가 보다 널리 읽혀지고 많이 전해져서 모든 사람들이 사람의 진정한 가치를 깨닫고 서로서로 받들어 섬기며 사는 세상이 돌아오기를 기대하면서 이 해설서를 썼다.

　끝으로 『염화실』의 법우님들과 평소에 물심양면으로 큰 도움을 주신 많은 불자님들께 아무리 고맙게 생각하고 또 고맙게 생각하더라도 못다 할 마음으로 이 책을 바친다.

2008년 여름 금정산 범어사 여천 무비 삼가 씀

해제

해설 「보현행원품」이란 『화엄경』의 일부분이다. 『화엄경』은 세 종류가 있는데 80권 본과 60권 본과 40권 본이다. 40권 본은 「입부사의해탈경계 보현행원품入不思議解脫境界 普賢行願品」이라는 한 가지 품뿐이다. 이름은 달라도 80권 본과 60권 본의 입법계품에 해당한다. 한 가지 품이 무려 40권이나 되는데 마지막 권만 따로 떼어내 우리가 흔히 독송하는 소위 「보현행원품」으로 삼았다. 권수도 줄이고 이름도 간략하게 한 셈이다. 길고 긴 경전을 그렇게 필요한 부분만 떼어내어 별행본別行本으로 유통시켜도 이 경전에는 아무런 오류가 없다. 오히려 훨씬 돋보인다. 「보현행원품」이 얼마나 많이 읽히는가를 보면 안다. 그래서 우리들에게는 「보현행원품」이라는 독립된 경전으로 알려져 있을 정도다.

보현행원의 행원이란 사람으로서 마음에 새기며 실천할 수 있는 가장 숭고한 서원이다. 그리고 그 훌륭한 서원을 실천하는 불교의 이상적인 인간상을 보살이라 하는데 그 중에서도 보현보살이 그 대표다. 보현보살은 경전에서 열 가지의 매우 뛰어난 서원을 설명하여 불교적인 삶이 무엇이라는 것을 잘 보여주고 있다. 또 서원이란 희망이며 꿈이며 기대감이다. 사람의 삶이란 훌륭한 꿈과 희망으로 많은 사람들에게 큰 이익을 줄 수 있을 때 그 사람의 삶은 빛난다. 그것을 보살의 삶이라 한다.

불교에는 경전도 많고 어록도 많아서 상당한 시간을 들이지 않으면 근본취지를 간추려 이해하기가 어렵다. 마치 양羊을 잃어버리고 찾으려 간 사람이 갈림길이 많아서 어디로 갈지 몰라 헤매다가 되돌아오고 마는 경우처럼 되는 예도 없지 않다.

그런데 참으로 다행인 것은 이와 같은 「보현행원품」의 중요성을 알고 이 한 권으로 불교의 근본종지를 삼아서 공부하고 실천하도록 한 눈 밝은 명안종사들의 가르침이 있다는 것이다. 이 한 권만 잘 이해하면 팔만대장경과 수많은 조사어록을 다 섭렵한 것과 같기 때문이다. 그래서 「보현행원품」은 『화엄경』의 결론이며 불교의 결론이라고 단언할 수 있다.

일찍이 어떤 조사가 말씀하시기를 "부처님이 깨달음을 성취하신 것은 인류사에 있어 가장 큰 사건이며, 그 큰 깨달음의 내용을 남김없이 설파한 『화엄경』은 인류가 남긴 최고의 걸작품이다."라고 하였다. 이와 같은 의미를 가지고 있는 불교와 『화엄경』의 결론이라고 할 「보현행원품」을 공부하는 것은 불자로서 필수적인 일이다. 그 뜻은 간결하고 소박하다. 세상 사람들이 모두 부처님이니 모두를 부처님으로 받들어 섬기며 살라는 것이다. 인류의 행복과 평화도 이 길뿐이기 때문이라고 한다. 실로 사람을 부처님으로 받들어 섬기면 그도 행복하고 나도 또한 행복하다.

차 례

- 서문 · 004
- 해제 · 006

1. 열 가지 보현행원 · · · · · · · · · · · · · · · · · 010
2. 부처님께 예경하다 · · · · · · · · · · · · · · · · 028
3. 여래를 찬탄하다 · · · · · · · · · · · · · · · · · 032
4. 널리 공양올리다 · · · · · · · · · · · · · · · · · 036
5. 법공양이 으뜸이다 · · · · · · · · · · · · · · · · 042
6. 업장을 참회하다 · · · · · · · · · · · · · · · · · 052
7. 남의 공덕을 따라 기뻐하다 · · · · · · · · · · 056
8. 설법하여 주기를 청하다 · · · · · · · · · · · · 061
9. 부처님이 세상에 오래 머무시기를 청하다 · · 064
10. 항상 부처님을 따라배우다 · · · · · · · · · · 067
11. 항상 중생들을 수순하다 · · · · · · · · · · · 076
12. 모두 다 회향하다 · · · · · · · · · · · · · · · 091

13. 이익을 밝히다 · 095

14. 경전의 수승한 공덕 · · · · · · · · · · · · · · · · · 098

15. 열 가지 행원을 게송으로 노래하다 · · · · · · 116

16. 원하는 바를 게송으로 노래하다 · · · · · · · · 130

17. 열네 가지 힘 · 152

18. 보현보살 문수보살과 같기를 원하다 · · · · · 158

19. 정토에 나기를 원하다 · · · · · · · · · · · · · · · 165

20. 경전의 수승한 공덕을 노래하다 · · · · · · · · 170

21. 수행의 여러 가지 이익 · · · · · · · · · · · · · · 173

22. 받아 지니기를 노래하다 · · · · · · · · · · · · · 176

23. 여래가 찬탄하다 · · · · · · · · · · · · · · · · · · · 179

24. 신수봉행信受奉行 하더라 · · · · · · · · · · · · · 181

1. 열 가지 보현행원

이시   보현보살마하살   칭탄여래승공덕이
爾時에 普賢菩薩摩訶薩이 稱歎如來勝功德已하시고
고제보살   급선재언   선남자   여래공덕   가
告諸菩薩과 及善財言하사대 善男子야 如來功德은 假
사 시방일체제불   경불가설불가설   불찰극미진
使十方一切諸佛이 經不可說不可說 佛刹極微塵
수겁   상속연설   불가궁진   약욕성취 차
數劫토록 相續演說하야도 不可窮盡이니라 若欲成就 此
공덕문   응수십종광대행원
功德門인댄 應修十種廣大行願이니라

경문   그때에 보현보살마하살이 부처님의 거룩한 공덕을 찬탄하고 나서 여러 보살과 선재동자에게 말하였다.

"선남자여, 여래의 공덕은 가령 시방세계 모든 부처님들이 불가설 불가설 불찰 미진수 겁 동안 계속하여 설명할지라도 끝까지 다 하지는 못할 것이니라. 만일 그와 같은 공덕을 성취하려면 마땅히 열 가지 크나큰 행원을 닦아야 하느니라."

해설   이 단락은 이 경전의 서론에 해당한다. "그때"란 길고 긴 『화엄경』의 마지막 부분을 설하는 지금 이 순간이다. 그리고 지금까지는 보현보살이 부처님의 거룩한 공덕을 설명할 수 있는 데까지 설명하여 마친 때다.

앞의 『화엄경』 본문에서 설명한 부처님의 거룩한 공덕을 아주 적은 일부분만 소개한다.

"한량없는 세월 동안 수행하시면서 때로는 보살의 견디고 참고 기다리는 삶도 사시었네."

"혹은 석가모니 부처님이 불도를 이룬 지가 이루 다 헤아릴 수 없는 겁을 지나간 것을 보기도 하였으며, 혹은 지금 막 보살이 되어 시방의 모든 중생들의 이익과 행복을 위해 사시는 모습을 보기도 하였네."

"혹은 석가모니 부처님이 모든 부처님께 공양을 올리는 수행을 하시는 것도 보았고 보시와 지계와 인욕과 정진과 선정 등등의 바라밀을 모두 다 중생들의 마음을 수순하여 나타내 보이는 것도 보았네."

"설혹 세계의 먼지 숫자만큼이나 많고 많은 사람들의 마음들을 다 헤아려서 알고, 또 저 큰 바다의 물을 다 마실 수 있고, 드넓은 저 허공

끝을 다 알고, 심지어 바람마저 손으로 얽어 붙잡을 수 있는 능력이 있다 하더라도 부처님의 한량없는 그 공덕은 다 설명할 수가 없네."

"만약 어떤 이가 이러한 공덕을 듣고 환희심을 내고 즐거워하면 위에서 찬탄한 모든 공덕을 다 얻을 수 있으리니 이 공덕에 대해서 결코 의심하지 말라." 이렇게 끝을 맺었다.

부처님이 무엇이며 누구이기에 이와 같이 상상을 할 수 없게 하는가? 생각하고 생각하다가 드디어 생각이 멈춰버리게 하는가? 그리고 어떤 능력이 있다 하더라도 결국 다 설명할 수가 없다고 하는가. 그것은 다름 아닌 나요, 독자요, 부모요, 형제자매요, 우리들의 이웃이요, 저 길거리의 많고 많은 저 모든 사람들이다. 그들의 진정한 능력과 모습이다. 모두 다 가지고 있는 내용들이며 하고 있는 일들이다. 사람사람들의 삶의 내용들을 밝은 눈으로 세세하게 들여다보고 환하게 비춰보면 부처님의 한량없는 공덕 내용과 꼭 같다. 사람사람들의 삶의 내용들을 부처님의 한량없는 공덕이라고 한 것이다. 사람사람들의 순간순간의 이 삶보다 불가사의하고 신기하고 기기묘묘한 것이 또 어디에 있는가? 사람사람들의 이 삶을 떠나서 다시 어디에 누가 이와 같이 불가사의한 부처님이 있는가? 누구라도 달리 존재하는 부처님이 있다면 곧 바로 지적해 보라. 우리 다 같이 볼 수 있고 알 수 있게. 인간의 삶이란 참으로 신기한 일이다. 그 넓고 깊은 속들을 경에서 말한 대로 "가령 시방세계 모든 부처님들이 불가설 불가설 불찰 미진수 겁 동안 계속하여 설명할지라도 끝까지 다하지는 못할 것이다."라고 한 그대로다.

달마대사가 중국에 처음 왔을 때 양무제가 초청하여 자신이 그 동안 이룩한 온갖 불사를 자랑하고 나서 자신의 이 많은 불사의 공덕이 얼마나 되겠는가를 물었을 때 달마대사는 아무런 공덕이 없다고 하였다. 양무제는 큰 나라의 천자로서 국력을 기울여 가야산 해인사 보다 더 큰 사찰을 수백 개도 더 건립하였으며, 석가탑 다보탑보다 더 크고 아름다운 탑도 아마 수천 개는 더 세웠을 것이다. 그리고 또한 수십만의 스님들을 양성하여 교육하였다. 스스로 가사를 입고, 조정에서 국사를 제쳐두고 문무백관들을 모아놓고 경전을 강설하기도 하였다. 참으로 대단한 천자였다. 인도의 아쇼카왕이나 신라의 법흥왕에 못지않은 사람이다. 그래서 불심천자佛心天子라고 불렀다.

그러나 그것이 진정한 불사며 그렇게 사는 삶이 이상적인 불교적 삶이라고 생각한 것이 문제였다. 진정으로 가치 있는 삶과 불교적 인생이란 자신의 내면에 이미 완전무결히게 지니고 있는 한량없는 공덕과 한량없는 신통과 한량없는 지혜와 자비에 눈을 뜨고 그 가치와 무게를 드러낼 줄 아는 것이라는 사실을 몰랐던 것이다. 그래서 달마대사에게 당신이 이뤄놓은 그 수많은 불사를 일언지하에 부정당하고 말았다. 설사 달마대사가 아니라 하더라도 진실한 불교에 어지간한 안목만 있는 사람이라면 그 정도는 이해시킬 수 있는 내용이지만 당시로서는 청천벽력과 같은 말이며 가위 나라를 뒤집는 반정음모며 불교혁명이었다. 반정음모나 혁명은 성공하지 못하면 사약이 내려지는 것은 정해진 길이다. 그러므로 달마대사도 사약을 받을 수밖에 없었던 것이다.

이러한 사실을 생각해 보더라도 진정한 불교는 밖에서 무엇을 찾아 얻는 것이 아니라 이미 자신의 내면에 갖추고 있는 무한한 보물에 눈을 뜨고 그것을 활용하는 일이다. 사람사람들의 내면에 존재하는 무한한 보물의 공덕을 『화엄경』에서는 위에서 간략하게 소개한 대로 그렇게 설명하고 있다. 그리고 "만일 그와 같은 공덕을 성취하려면 마땅히 열 가지 크나큰 행원을 닦아야 하느니라."라고 하였다.

그러나 이것은 그 공덕을 성취하기 위한 조건이 아니다. 이미 존재하는 공덕이지만 그것을 가장 아름답고 이상적으로 사람들에게 이익이 돌아가도록 표현하며 사는 방법이다. 그러한 방법을 보살행이라 한다. 보살행에는 수만 가지가 있겠지만 가장 우수하고 대표적이라 할 만한 열 가지를 이 「보현행원품」에서 들고 있다.

何等이 爲十고 一者는 禮敬諸佛이요 二者는 稱讚如來요 三者는 廣修供養이요 四者는 懺除業障이요 五者는 隨喜功德이요 六者는 請轉法輪이요 七者는 請佛住世요 八者는 常隨佛學이요 九者는 恒順衆生이요 十者는 普皆廻向이니라 善財가 白言호대 大聖이시여 云何禮敬으로 乃至廻向이니잇고

경문 "그 열 가지 서원이란 무엇인가. 첫째는 모든 부처님께 예배하고 공경함이요. 둘째는 부처님을 우러러 찬탄함이요. 셋째는 널리 공양함이요. 넷째는 스스로의 업장을 참회함이요. 다섯째는 남의 공덕을 따라 기뻐함이요. 여섯째는 설법하여 주기를 청함이요. 일곱째는 부처님이 세상에 오래 머무르기를 청함이요. 여덟째는 항상 부처님을 따라 배움이요. 아홉째는 항상 중생들을 수순함이요. 열째는 모두 다 회향함이니라."

선재동자가 아뢰었다. "큰 성인이시여. 어떻게 예배하고 공경하오며 내지 어떻게 회향하오리까?"

해설 여기서부터 이 경전의 본론이다. 「보현행원품」에서 주로 이야기 하고자 하는 내용이 열 가지 서원이다. 먼저 그 열 가지 서원의 이름을 열거하였다. 불교적인 가치관에서 볼 때 가장 이상적인 인생을 살아가는 열 가지 덕목이라 해도 좋다. 다음에서 하나하나 자세히 설명하겠지만 우선 간단하게 현대적 의미로 풀어서 이해해 보려 한다.

첫째. 모든 부처님께 예배하고 공경함이란, 먼저 모든 사람들이 부처님이라는 사실을 알아야 한다.

나와 남과 가족과 형제자매와 이웃과 직장에서 늘 부딪히며 함께 일하는 사람들과 길거리에 걸어가고 있는 많은 사람들이 모두 부처님이라는 사실을 알아야 한다. 불교에서 수없이 부처님, 부처님 하지만 실은 그 사람들 외에는 달리 다른 부처님이 없다. 그리고 그 사람 부처님들은 자세히 살펴보면 그들보다 더 훌륭하고 위대한 존재는 없다. 사람이라는 존재를 이해할수록 부처님이 아니라고 말할 이유가 없어진다. 그리고 사람 외에 달리 어디서 찾을 부처가 없다.

사람을 부처님으로 이해하고 나면 그 다음 예배하고 공경하는 일은 한결 쉬워진다. 나무나 돌로 깎은 불상에도 예배하고 공경한다. 세 번씩, 일곱 번씩, 백팔 번씩, 천 번씩, 삼천 번씩 어떤 이는 백만 번을 했다고 자랑하는 이도 있다. 나무나 돌은 부처님으로 보면서 왜 사람은 부처님으로 보지 못할까? 간혹 멀쩡한 자연석을 부처님으로 보는 사람들도 있다. 참 신기하기도 하다. 사람 속에 무슨 물건이 들어있어서 그렇게 볼 줄 아는가? 그 능력을 기울여서 부디 사람을 부처님으로 이해하고 그 사람 부처님께 예배하고 공경하자. 관음보살님께 예배하다 보면 혹 어떤 관음보살님은 예배하는 우리들을 향해서 합장하고 예배하는 관음상도 있다. 그 관음상의 의미를 잘 이해하면 남은 의혹이 풀리리라. 이것이 사람다운 사람, 즉 보살이 실천해야 할 덕목 제1조다.

둘째. 부처님을 우러러 찬탄함이란, 먼저 사람이 부처님이라는 중요한 사실을 알고 나면 우러러 찬탄할 일은 너무나 많다.

'부처님'이라고 하면 가장 먼저 떠 올리는 것은 3천 년 전 인도의 역사 속에 나타났던 석가모니 부처님을 생각한다. 그도 물론 훌륭한 부처님이었다. 그래서 예불문에는 수많은 부처님 중에서 근본이 되는 스승님 석가모니라고 하였다. 그러나 역사 속에 살다 가신 석가모니를 두고 하는 말이 아니다. 경전에 나타난 무수한 부처님이나 보살들도 아니다. 역사 속에서 명멸해 간 수많은 조사스님들도 아니다.

다만 손만 뻗으면 닿을 곳에 있는 우리들과 가깝고 혹은 멀리 있는 모든 사람들을 부처님으로 이해하고 우러러 찬탄하라는 것이다. 못나고 게으르고 살림도 살 줄 모르는 아무짝에도 쓸모없어 보이는 마누라도, 돈도 벌 줄 모르고 옹졸하고 무능력하고 고집만 세고 하여 말이 통 먹히지 않는 저 못난 남편도 내가 사람의 본성을 볼 줄 아는 눈만 열리면 무지무지하게 값비싼 보물이라는 것을 알게 될 것이다. 그 때는 이리 보아도 우러러 찬탄할 거리고 저리 보아도 우러러 찬탄할 거다.

고려청자의 가치를 모를 때는 개 밥그릇으로 썼으며 때로는 알루미늄 그릇과 맞바꾸었지만 가치를 알고 나면 절대로 그럴 수 없다. 안방에 숨겨두고 애지중지한다. 이리 쳐다보고 저리 쳐다보며 기뻐서 어쩔 줄을 모른다. 아까워서 가족들에게까지 잘 보여주지 않는다. 사람의 진정한 가치를 우러러 찬탄하지 않고는 못 배길 것이다. 불심이 있는 불자로서 다른 사람의 장점을 우러러 찬탄하지 못한다면 이것은 큰 잘못이다.

셋째. 널리 공양함이란, 사람들을 부처님으로 알고 난 뒤 그 많고 많은 사람 부처님들에게 온갖 것으로 이바지하고 공양 올리는 일이다.

살펴보면 부처님들에게 공양 올려야 할 것들이 너무나 많다. 가장 기본적인 것은 의식주다. 사람이 살아가는 데는 무엇보다 우선하는 것이 의식주이기 때문이다. 그리고 문화적인 것과 사람을 대접하는 일도 훌륭한 공양이다. 그러나 그와 같은 것들은 모두가 나라를 다스리는 정치인들이 생각해야 할 문제다. 또는 자선단체나 부호들이나 경제를 관장하는 사람들의 일이다. 혹 저급하고 미개한 종교단체에서도 신경을 많이 쓰는 공양이다.

그러나 인간의 지극한 가치를 깨달아 알고 있는 불교에서는 무엇보다 인간의 지극한 가치를 일깨우고 가르치는 법공양을 제일 중요한 공양으로 생각한다. 의식주 문제나 기타 문화적인 공양은 돌볼 겨를이 없다. 가장 가치 있고 소중한 법공양을 하는데 온 힘을 기울여야 한다. 예컨대 흙이나 돌멩이를 보시하는 것도 좋은 일이지만 황금이나 다이아몬드를 가득 쌓아두고 사는 사람이라면 당연히 황금이나 다이아몬드를 보시해야 옳다. 구태여 흙이나 돌멩이를 보시하려고 할 필요는 없다. 그런 것은 그런 것을 가지고 있는 사람들의 할 일이지 황금이나 다이아몬드를 쌓아놓고 사는 사람의 일은 아니다.

불교는 부처님께 공양 올리는 불공을 대단히 중요하게 여기는 종교다. 그러므로 불공의 내용과 방법과 공양물의 우열을 잘 이해하여 가려가면서 공양 올려야 한다. 그렇지 못하면 엉뚱한 단체가 되고 만다. 불교와 같은 훌륭하고 빼어난 가르침을 그렇게 많이 가지고 있으면서 훌륭한 공양을 올리지 못한다면 어느 종교 어느 단체에서 할 것인가? 불자로서 다반사로 행하는 불공이기에 심사숙고하고 다시 심사숙고하여 해야 할 일이다.

넷째. 스스로의 업장을 참회함이란, 불교가 하는 일을 한 마디로 표현하면 단혹斷惑과 성덕成德이라고 표현할 수도 있다. 즉 미혹을 제거하고 복덕을 갖추는 일이다. 업장을 참회한다는 것은 미혹을 제거하는 일이다. 미혹으로 업을 짓고 업장 때문에 고통이 따른다. 그래서『천수경』,『금강경』,「초발심자경문」에도 업장을 참회하여 제거한다는 내용이 들어있다. 그것은 또한 종교가 갖는 특징이기도 하다. 그러나 모든 종교가 다 같은 방법으로 업장을 참회하지는 않는다.

　불교에서는 처음 대하는 『천수경』에서부터 이렇게 이야기하고 있다. "죄업이란 독립된 자성이 없다. 다만 사람들의 마음으로부터 일어나는 것이다. 마음, 마음, 하지만 그 마음 또한 본래로 고정된 존재가 아니기 때문에 마음이 존재하지 않는다는 사실만 알면 죄업도 또한 존재하지 않는다는 사실을 알 것이다. 마치 허공에다 세운 건물과 같고 토끼의 뿔이나 거북의 털과 같아서 그것은 다만 말만 있을 뿐이지 실재하는 것은 아니듯이. 그래서 죄업도 없고 마음도 없음을 알아서 두 가지가 모두 텅 비어 없을 때 이것이야말로 진정한 참회다."라고 하였다.

　스스로의 업장을 참회한다는 것은 그 이치를 이렇게 이해했을 때 제대로 된 참회라고 할 수 있다.

　3조 승찬僧璨대사는 40대 중반의 거사로서 평생을 앓고 있는 문둥병이 자신의 죄업 때문이라고 생각하고는 2조 혜가慧可대사를 찾아가서 자신의 몹쓸 병이 죄업 때문이니 제발 자신의 죄업을 참회하게 해 달라고 간절히 부탁하였다. 2조 혜가 대사는 당신이 죄업을 가져오면 참회시켜 주리라 하여 문둥병 환자인 승찬 거사는 그 동안 자신을 짓누르던 죄업을 찾으려고 하루 종일 골똘히 궁구하였으나 끝내 찾지 못하고 "죄업을 아무리 찾아도 찾을 길이 없습니다."라고 하였다. "그렇다면 당신의 죄업은 없는 것이며 없는 것이라면 이미 다 참회된 것이다."라고 하여 죄업이 본래 없다는 사실을 깨닫고는 몸도 마음도 날아갈 듯이 가벼워졌다. 그리고 거사의 몸으로 부처님의 법맥을 이어 오늘에 이른다. 이것이 스스로의 업장을 참회하는 것이다. 불자로서 이와 같은 이치를 모른다면 불교적 소양에 결함이 많은 사람이다.

다섯째. 남의 공덕을 따라 기뻐함이란, 인간으로서 의식이 있는 사람이라면 남의 공덕을 따라서 기뻐할 줄 알아야 한다.

더구나 부처님의 가르침을 순종하고 닮아보려는 사람이라면 이러한 덕목을 갖추고 사는 것은 당연하다. 만약 속된 사람들처럼 남이 잘하고 훌륭한 점을 깎아 내리거나 시기하고 질투하고 음해까지 한다면 그것은 비인간적인 처사다. 하물며 불교를 믿는 사람이라면 그런 일은 절대 해서는 안 될 일이다.

남의 공덕을 진심으로 기뻐할 줄 아는 마음은 아름답다. 설사 크게 드러난 공덕이 아니더라도 남이 한 일을 긍정적으로 바라보고 적극적으로 찾아내어 찬탄하고 기뻐하는 습관을 기르고 생활화해야 한다. 사람들을 행복하게 하고 세상을 그래도 살맛 나게 하는 길은 경제적 소득을 높이는 것보다도 남이 하는 일을 긍정적으로 보는 습관지수와 기뻐하는 지수를 끌어올리는 일이다.

아무리 경제적으로 소득이 증대되어 1년 소득이 수백만 불이 된다 하더라도 남이 하는 일에 대해서 시기하고 질투하느라 일상에 기쁨이 전혀 없다면 무슨 사는 맛이 나겠는가. 자신이 한 일에 대해서야 무슨 기뻐할 일이 그렇게 많겠는가. 나는 한 사람이지만 남은 60억이 넘지 않은가. 남의 잘 한 일을 찾아서 긍정적으로 바라보고 진심으로 기뻐한다면, 순간순간이 기쁜 순간이며 매일 매일이 기쁜 날이 될 것이다. 이와 같은 모습으로 사는 것이 보살의 아름다운 삶이다.

『화엄경』의 결론이자 불교의 결론인 이「보현행원품」은 이렇게 간단명료하고 쉽다. 그렇다. 불교는 그렇게 어려운 것이 아니다. 알고 보면 지극히 상식적이고 누구나 생각할 수 있는 이치를 가르칠 뿐이다.

여섯째. 설법하여 주기를 청함이란, 청한다는 말은 배우기 위해서 청하는 것이다.

사람들은 아무리 무식한 사람도 자기 자랑과 아는 체하기를 좋아한다. 설법하여 주기를 청하는 일은 자신이 아는 체하는 것이 아니라 자신이 아는 것은 두고 다른 사람들에게 무엇이나 배우기를 바라는 마음이다. 그래서 무엇이나 묻고 설명하여 주기를 청하는 것이다. 사람은 누구나 아는 체하면 싫어하지만 물으면 좋아한다. 그런데도 왜 우리는 그 간단한 사실을 모르고 자꾸만 아는 체하는가? 실은 잘 알지도 못하면서 말이다.

공자님의 인품을 말할 때 반드시 배우기를 싫어하거나 게을리 하지 않았던 것을 든다. 그래서 오늘날 공자가 되었던 것이다. 우리도 어릴 때는 세상 모든 것들이 처음 보는 것이라 보는 것 마다 묻고 듣는 것 마다 묻는다. 부모를 성가시게 할 정도로 알고 싶어 한다. 사람들이 어릴 때 그 마음 그대로만 가지고 산다면 누구나 공자가 될 수 있을 것이다. 그야말로 초심은 좋았으나 그 후 마음이 문제였다. 아름다운 삶을 사는 보살은 끊임없이 묻고 배우고 설명해 주기를 청하는 그 어릴 때의 마음, 즉 초심을 계속하여 유지하는 삶이다.

「보현행원품」의 주인공은 선재동자다. 선재동자의 장점이자 특징은 53명이나 되는 많은 선지식들을 한 분 한 분 찾아다니면서 가르침을 받는 일이다. 그 이야기가 행원품의 전부다. 가르침을 받기에 앞서 반드시 먼저 청하였다. 청하지도 않는데 먼저 가르치려고 하는 것은 결코 자연스럽지가 않다. 53명의 선지식 중에는 출가한 스님도 있고 재가한 거사나 보살도 있고 기생도 있고 뱃사공도 있다. 사마외도도 있고 온갖 신들도 있다. 그들 모두가 선재동자의 선지식이다. 배움의 길에서는 스승을 가리지 않는다는 뜻이다. 오직 내가 무엇을 배울 수 있는가를 생각할 뿐이다. 그래서 선재동자는 불교공부에 관심이 있는 모든 사람들의 이상이자 모델이다. 그의 삶과 배움의 자세를 닮으면 매우 훌륭한 인생이 보장된다. 아름다운 보살의 삶은 곧 선재동자와 같은 삶이기도 하다.

일곱째. 부처님이 세상에 오래 머무르시기를 청함이란, 혹 정신이 잘못돼서 스스로 목숨을 끊거나 자신의 몸을 망치고 수명을 단축하는 사람이 아니라면 모두들 세상에 오래오래 살고 싶어 한다. 그렇다면 청한다는 것은 무슨 뜻인가? 단순하게 말로만 오래오래 머무르시기를 바라고 청원 드리는데 그치지 않고 말과 마음과 행동을 다 기울여 오래 살 수 있도록 의식주를 제공하고 약과 치료를 도와주면서 구체적으로 건강하고 오래 머무르시도록 하는 일이다.

누구를 막론하고 사람의 삶은 대단히 소중하고 가치 있는 일이다. 옛날 어떤 사형수가 사형집행일을 앞두고 자신의 감방에 기어 다니는 작은 벌레를 보고 부러워서 쓴 글에, "저 미물과 같은 보잘것없는 벌레가 되어서라도 살 수만 있다면 얼마나 좋을까"라는 토로를 하였다. 그렇다. 그것은 사람의 본능이다. 인간의 생명에 대한 존엄과 경외심은 참으로 이와 같기 때문에 누구나 오래 살고 건강하게 살도록 보살피고 이바지해 드리는 일은 대단히 훌륭한 일이다. 보살계에는 "병든 사람을 보고 간병하지 않으면 죄를 짓는 일이다."라고 하였다. 인생을 가장 아름답게 살려는 보살은 사람의 생명을 존중하고 보호하는 이러한 덕행이 반드시 있어야 한다.

여덟째. 항상 부처님을 따라 배움이란, 앞에서 설법하여 주기를 청하는 것에서 한걸음 더 나아가 보다 적극적으로 배우려고 하는 자세다. 무엇인가 배우려고 하면 세상에는 스승도 많고 가르치는 곳도 많다. 불교만 하더라도 곳곳이 사찰이요, 사람마다 스승이다. 그런데 진정 어느 사찰 어떤 스승을 찾아가야 불교를 바르게 알 수 있을까. 쉽게 결정할 일이 아니다.

행원품에서는 장소는 말하지 않고 부처님을 따라 배우라고만 했는데 부처님이란 바르고 참된 이치를 깨달아 아는 사람을 말한다. 불교란 참되고 바른 이치(眞理)이므로 당연히 참되고 바른 이치를 잘 아는 스승을 부처님이라 생각하고 항상 따라 배워야 하는데 배우는 입장에 있는 사람들은, 특히 경험이 없는 초보자는 참으로 난감한 일이다. 엉뚱한 곳에서 삿된 견해를 가진 사람을 만나 허송세월 하는 예가 적지 않기 때문이다.

불교공부를 하는 데는 스승 없이 혼자 하는 경우도 있지만 좋은 스승을 만나서 배우는 것과 비교하면 그 효과가 하늘과 땅의 차이가 난다. 그러므로 반드시 견해가 올바른 스승을 만나야 하지만 지금 시대에는 사람들의 견해가 각양각색이다 보니 바른 스승을 만나기가 참으로 어렵다. 그래서 현명한 선택이라고 권할만한 방법은 사람보다는 전래되어 온 경전과 어록을 의지하는 것이라고 하겠다.

필자는 1960년 이후부터 회상을 가지고 있는 선원과 강원의 모든 선지식들을 거의 다 찾아다니면서 한두 철씩 모시고 살았다. 그러나 끝내 한 스승을 모시지 못하고 경전과 어록을 스승으로 삼을 수밖에 없었기 때문이다. 물론 거쳐 온 수많은 스승들께서 큰 가르침과 경책으로 눈을 열어 주신 덕분에 그나마 경전과 어록에 의지할 수 있었던 것도 사실이다. 아무튼 보살의 아름다운 서원의 삶이란 사람이든 경전이든 부지런히 쉬지 않고 따라서 배우는 정진은 반드시 필요한 일이다.

아홉째. 항상 중생들을 수순함이란, 사람이 사람과 더불어 살다 보면 자신을 비우고 오로지 다른 사람들의 의견과 생활방식만을 수순하기란 참으로 어렵다. 아무리 가까운 부부 사이와 부모자식 사이라도 그렇고, 형제나 친구 사이라도 그렇다. 이유는 모두가 하나하나 독립된 인격체이기 때문이리라. 어떤 사람이라도 각자는 자신의 견해와 시각을 가지고 있으며 독립된 세계를 가지고 있다. 그와 같은 상황에서 자신을 철저히 비우고 오로지 다른 사람들의 의견과 생활습관을 수순하여 산다는 것은 참으로 훌륭한 일이다. 진정 아름다운 보살의 마음이다.

가끔 이런 말을 듣는다. "참다가 참다가 한계에 이르렀다. 더 이상은 못 참는다. 나도 이제 내 마음대로 살 것이다."라고 하면서 지금까지 수년, 또는 수십 년을 견디고 살아 온 관계를 하루 아침에 무너뜨리고 마는 사람들이 있다. 꽤나 잘 살아 온 것 같지만 그것은 아니다. 그렇게 되면 어디에서도 그 보상은 받을 곳이 없다. 처음부터 자신을 비우고 오로지 수순하는 자세로 살았어야 옳았다. 사실은 알고 보면 설사 수순하지 않고 자기방식대로 살았어도 실은 별수가 없다. 공연한 아집을 부리는 것에 불과하다. 참으로 수순하는 삶은 불평도 없다. 자신이 수순한다는 생각이 없이 수순하는데 무슨 불평과 기다림이 있겠는가. 이것이 보살의 아름다운 삶의 또 한 모습이다. 그래서 자신을 비우고 다른 사람들에게 수순하는 것을 불자의 대표적인 덕목이라 한다.

　열째. 모두 다 회향함이란, 기도 회향, 불사 회향 등 회향이라는 말을 많이 쓴다. 그리고 불교의 수많은 용어 중에서 매우 훌륭하고 빼어난 낱말이다. 공덕을 쌓고 복을 짓고 지혜를 닦아도 회향이 없으면 아무런 의미가 없다. 그래서 회향이란 자신이 닦은 모든 수행과 공덕과 지혜를 전부 남을 위해서 나눠주라는 뜻이다. 즉 조그마한 어떤 복덕도 모두 남을 위해서 쓸 줄 아는 사람이 보살이며 불자다. 그것이 물질적이든 정신적인 것이든 육신의 능력이든 모두 남에게 회향해야 한다. 회향하지 않으면 정체되고 정체되면 변질되어 나중에는 아무런 쓸모없는 것이 되고 만다.

　인생이 일생을 사는 기간을 요즘은 80년 전후로 잡는다. 그렇다면 무엇을 하고 살았든 늦어도 40세가 되면 회향하는 시간으로 생각해야 한다. 돈을 버는 사람은 돈으로 회향하고 지식을 쌓은 사람은 지식으로 회향하고 기술을 익힌 사람은 기술로 회향해야 하고 부귀공명을 가진 사람들은 부귀공명으로 회향해야 한다. 불교공부를 하고 도를 닦으며 수행에 전념하는 사람일수록 그것을 다른 사람들에게 회향하는 시기로 삼아야 한다.

　인생 40이 되어서도 회향하지 않으면 다시 또 언제 회향하겠는가. 얻을 것은 다 얻었고 닦을 것은 이제 다 닦았다. 설사 80이 되는 날까지 발전하고 전진한다 하더라도 40부터는 회향하면서 나아가야 한다. 그렇지 못하면 세상에 아무런 쓸모없는 존재가 되고 만다. 자기 자신만을 위해 사는 소승이라는 사람이 곧 그런 사람이다. 바람직한 불교인은 자신이 가진 아주 작은 것이라 하더라도 남들에게 회향하는 삶을 살 줄 알아야 한다. 회향이 없는 인생은 사람다운 사람, 즉 보살이 아니다.

「보현행원품」이 『화엄경』의 결론이며 불교의 결론이라는 말의 뜻이 여기에 있다. 보현보살과 같은 보살행을 실천하는 것이 불교다. 열 가지 지극히 상식적이면서 아주 빼어난 마음씨와 구체적인 실천모습이다. 성불해서 무엇을 하자는 것인가. 사람들을 제도하기 위한 능력배양이다. 사람들을 제도하는 것이 불교의 목적이며 불교공부의 결실이다. 사람들을 제도한다는 것은 곧 보현보살의 열 가지 구체적인 행동지침의 실현을 말한다.

2. 부처님께 예경하다

普賢菩薩이 告善財言하사대 善男子야 言 禮敬諸佛者는 所有 盡法界虛空界 十方三世一切佛刹極微塵數 諸佛世尊을 我以普賢行願力故로 深心信解하야 如對目前하야 悉以淸淨身語意業으로 常修禮敬호대 一一佛所에 皆現不可說不可說 佛刹極微塵數身하야 一一身으로 徧禮 不可說不可說 佛刹極微塵數佛이니 虛空界盡하면 我禮乃盡이어니와 以虛空界가 不可盡故로 我此禮敬도 無有窮盡이며 如是乃至衆生界盡하고 衆生業盡하고 衆生煩惱盡하면 我禮乃盡이어니와 而衆生界와 乃至煩惱가 無有盡故로 我此禮敬도 無有窮盡이니 念念相續하야 無有間斷하야 身語意業이 無有疲厭이니라

경문　보현보살이 선재동자에게 말하였다. "선남자여, 부처님께 예배하고 공경한다는 것은 온 법계 허공계 시방 삼세 모든 세계의 아주 작은 먼지만큼 많은 수의 모든 부처님들께 보현의 수행과 서원의 힘과 깊은 마음으로 믿고 이해하여 마치 눈앞에서 뵈옵듯이 받들고 청정한 몸과 말과 뜻으로 항상 예배하고 공경하는 것이니라.

　모든 부처님의 처소에 불가설 불가설 불찰미진수의 몸을 나타내어 그 한 몸 한 몸이 불가설 불가설 불찰미진수의 부처님께 두루두루 다 예경하는 것이니라.

　허공계가 다하여야 나의 예경함도 다하려니와 허공계가 다할 수 없으므로 나의 예배하고 공경함도 다함이 없느니라. 이와 같이 중생의 세계가 다하고 중생의 업이 다하고 중생의 번뇌가 다하여야 나의 예경함도 다하려니와, 중생계와 내지 중생의 번뇌가 다함이 없으므로 나의 이 예배하고 공경함도 다함이 없느니라. 염념이 계속하여 쉬지 않건 만 몸과 말과 뜻으로 하는 이 일은 지치거나 싫어함이 없느니라."

해설　아름다운 삶을 살고자 하는 보살의 인생지침 중에 첫째는 사람사람들을 부처님으로 받들어 섬기고 예배하고 공경한다는 것이다. 우선 경문에는 분명히 부처님이라고 하였는데 왜 자꾸 사람들이라고 하는가? 『화엄경』의 근본종지 중에 반드시 생각하고 기본으로 삼아야 하는 구절은 "마음과 부처와 중생, 이 셋은 차별이 없다."라고 한 것이다. 그러므로 사람의 다른 호칭이 부처님이다.

　그리고 경문에 "온 법계 허공계 시방 삼세 모든 세계의 아주 작은 먼지만큼 많은 수의 모든 부처님들"이라고 하였다. 그 말은 역사상에 기록된 석가모니불이나 경전상의 아미타불이나 연등불과 같은 부처님을 지칭하는 것이 아니다. 그분들이야 불과 몇 분이 되는가.

저 많은 부처님이란 곧 모든 사람을 뜻하며, 나아가서 모든 생명체를 가리키며 좀 더 정확하게 말하면 삼라만상과 우주만유를 가리킨다. 그러나 어떤 문제든지 지금 우리에게 문제되는 사항만 문제시해야 한다. 그러므로 경전의 뜻이 아무리 광대하고 폭이 넓더라도 잠시 제쳐두고 사람의 문제를 우선적으로 다루어야 한다. 사람의 문제가 해결된 뒤에 우주만유와 삼라만상에 눈을 돌려야 하기 때문이다.

우주자연과 삼라만상을 모두 다 부처님으로 받들어 섬기며 예경할 수만 있다면 그것이야 두말할 것도 없이 가장 훌륭한 일이다. 그러나 사람사람들을 모두 부처님으로 생각하고 예배하고 공경하는 것이 무엇보다 우선적으로 필요한 수행이며 보살행이기 때문이다. 사람을 받들어 섬기며 예경하는 일이 사람과 사람관계에서 무엇보다 가장 필요한 일이며 행복의 지름길이기 때문이다. 사람들을 부처님으로 받들어 섬기고 예경하면 그도 행복하고 나도 또한 행복하다. 만약 사람이 부처님이 아니라면 『법화경』의 상불경보살은 참선도 하지 않고 경전도 읽지 않고 기도도 하지 않고 염불도 하지 않으면서 만나는 사람마다 부처님으로 받들어 섬기며 예경하는 것으로 수행을 삼지 않을 것이며, 가장 가치 있고 소중한 일로 삼지 않았을 것이다. 경전 중에 왕이라는 『법화경』의 가르침이 어찌 허망한 말이겠는가.

사찰의 법당에 와서 불상에게 예경하는 것은 훈련이며 연습이다. 법당에서 훈련한 것을 가정과 직장에서 사람들을 만났을 때 익숙하게 그리고 당연한 일인 것처럼 여기고 자연스럽게 실천하자는 것이다. 예컨대 만약 운동선수가 연습장에서는 실수 없이 잘하면서 실전에서는 어찌할 바를 모르고 실수를 연발한다면 그 경기가 어떻게 되겠는가. 명심하고 또 명심할 일이다.

　보통 사람들은 처음에는 정신을 바짝 차리면 한두 번은 부처님으로 예경할 수는 있다. 마음이 편안하고 나에게 잘 보일 때는 부처님으로 볼 수도 있다. 그러다가 금방 잊어버리고 부처님을 대하면서 아귀나 아수라 혹은 동물처럼 대한다. 분노하여 화를 내며, 욕심 부리고, 피해도 입히고, 욕하고 악담도 하고 음해도 서슴지 않는다.

　어떤 경우에도 초심을 잃지 않아야 한다. 그래서 경전에서는 어떤 경우에도 끊임없이 예경하는 일을 "이와 같이 중생의 세계가 다하고 중생의 업이 다하고 중생의 번뇌가 다하여야 나의 예경함도 다하려니와, 중생계와 내지 중생의 번뇌가 다함이 없으므로 나의 예배하고 공경함도 다함이 없느니라. 염념이 계속하여 쉬지 않건만 몸과 말과 뜻으로 하는 일은 지치거나 싫어함이 없느니라."라고 하였다. 이와 같이 예경하는 일을 일상사처럼 하고 숨을 쉬는 일처럼 해야 한다. 경문의 내용은 참으로 눈물겨운 보살의 아름다운 비원이다.

3. 여래를 찬탄하다

부차 선남자야 언 칭찬여래자는 소유 진법계허공
復次 善男子야 言 稱讚如來者는 所有 盡法界虛空
계 시방삼세일체찰토소유극미 일일진중 개유
界 十方三世一切刹土所有極微 一一塵中에 皆有
일체세계극미진수불 일일불소 개유보살해
一切世界極微塵數佛하며 一一佛所에 皆有菩薩海
회위요 아당실이심심승해 현전지견 각이
會圍遶어든 我當悉以甚深勝解 現前知見으로 各以
출과변재천녀미묘설근 일일설근 출 무진음
出過辯才天女微妙舌根하야 一一舌根에 出 無盡音
성해 일일음성 출 일체언사해 칭양찬탄
聲海하며 一一音聲에 出 一切言辭海하야 稱揚讚歎
일체여래제공덕해 궁미래제 상속부단
一切如來諸功德海호대 窮未來際토록 相續不斷하야
진어법계 무불주변 여시허공계진 중생
盡於法界하야 無不周徧이니 如是虛空界盡하며 衆生
계진 중생업진 중생번뇌진 아찬 내진
界盡하며 衆生業盡하며 衆生煩惱盡이면 我讚 乃盡이어
니와 이허공계 내지번뇌 무유진고 아차찬탄
而虛空界 乃至煩惱가 無有盡故로 我此讚歎도
무유궁진 염념상속 무유간단 신어의업
無有窮盡이니 念念相續하야 無有間斷하야 身語意業
무유피염
이 無有疲厭이니라

경문 "선남자여, 부처님을 찬탄한다는 것은 온 법계와 허공계, 그리고 시방삼세 모든 국토의 아주 작은 낱낱 먼지 가운데 일체세계의 아주 작은 먼지 수처럼 많은 부처님이 계시고, 부처님 계신 데마다 보살대중들이 모여 들러싸고 모시는 것이니라. 내가 마땅히 매우 깊고 훌륭한 지혜로써 부처님 앞에 나타나 있듯이 알아보며, 변재가 뛰어난 하늘 여인의 미묘한 혀보다 더 훌륭한 혀를 내어 그 낱낱 혀로 그지없는 소리를 내고, 낱낱 소리로 온갖 말을 다 내어 모든 부처님들의 온갖 공덕을 찬탄하느니라.

그 찬탄이 오는 세월이 다하도록 계속하여 그치지 않아 온 법계에 두루두루 하느니라. 이와 같이 하여 허공계가 끝나고 중생계가 끝나고 중생의 업이 끝나고 중생의 번뇌가 끝나야 나의 찬탄이 끝나려니와, 허공계와 내지 중생의 번뇌가 끝날 수 없으므로 나의 찬탄도 끝나지 않느니라. 염념이 계속하여 잠깐도 쉬지 않건만 몸과 말과 뜻으로 하는 이 일은 지치거나 싫어 함이 없느니라."

해설 사람을 만나면 제일 먼저 진심으로 예경하여야 하며 마음이 가득 담긴 말씀으로 찬탄하여야 한다. 그리고 무엇이든 건네주어야 한다. 또 헤어질 때는 반드시 격려해주고 빌어줘야 한다. 이쯤만 되어도 인품이 된 참 좋은 사람이다. 아름다운 보살이라 할 만하다. 찬탄이란 칭찬이며 건네주는 것은 공양이며 격려와 빌어줌이란 축원이다.

이 글에서는 찬탄을 이야기할 차례다. 경전의 서두에도 "그때 보현보살마하살은 부처님의 거룩한 공덕을 찬탄하고 나서 여러 보살과 선재동자에게 말하였다."라고 시작하였다. 어느 특정한 한 사람 한 부처님만을 찬탄하는 것이 아니라 이루 헤아릴 수 없이 많고 많은 부처님들께 나도 또한 이루 다 헤아릴 수 없이 많고 많은 몸을 나타내어 찬탄한다. 무슨 뜻인가 하면, 모든 존재는 세심하게 살펴보면 중중重重 중중 중중하고 무진無盡 무진 무진하여 중중무진과 무진중중으로 서로 서로 연관관계를 맺고 있다. 다시 말하면 이 세상에 존재하는 모든 사람과 사람, 자연과 자연, 사람과 자연들은 모두가 밀접한 관계 속에서 살아가고 있다는 사실을 깨달아 일체 존재는 내 자신을 위하듯이 존중하고 찬탄하면서 살아야 인류가 바라는 평화와 행복이 보장된다는 것이다.

흔히 생각하기를 "찬탄할만한 것이 없는데 무엇을 찬탄한단 말인가?"라고 하지만 그것은 안목이 부족해서다. 열린 안목으로 잘 살펴보면 아무리 악한 사람도, 못난 사람도, 쓸모없는 물건들도 모두 좋은 점이 있고 쓸모가 있다. 그것만이 갖는 독특한 매력과 장점이 있게 마련이다. 그러나 궁극적으로는 매력과 장점이 있어서 찬탄하는 것이 아니라 존재 자체만으로도 세상을 장엄하였기에 충분히 찬탄할 일이다.

설사 그와 같은 차원이 아니고, 백 보 양보하여 우리들의 일상에서 가족과 이웃과 친지들을 칭찬하는 일도 마음만 먹으면 찬탄할 점은 많다. 요는 자신이 남들을 찬탄할 마음이 준비되어 있는가 하는 문제이다. 아름다운 삶을 살려는 보살은 남을 찬탄할 마음의 준비가 항상 되어있는 사람이다. 불자들은 보살의 삶을 지향하는 사람들이다. 언제 누구에게나 찬탄할 마음의 준비를 하고 하루를 시작하는 것이 빼놓을 수 없는 중요한 덕목이다. 한두 번에 지치거나 싫증 내지 말라. "이제 더 이상 남을 헐뜯고 비방하고 음해하는 일은 어제까지로서 끝이다. 나의 삶에 그와 같은 일은 아예 없다. 앞으로는 누구를 막론하고 영원히 찬탄하며 살리라."라고 강인한 서원을 세워서 자신의 일상이 되게 하자.

4. 널리 공양 올리다

復次 善男子야 言 廣修供養者는 所有 盡法界 虛
空界 十方三世 一切佛刹極微塵中에 一一各有 一
切世界 極微塵數佛하며 一一佛所에 種種菩薩海會
가 圍遶어든 我以普賢行願力故로 起深信解하며 現前
知見하야 悉以上妙 諸供養具로 而爲供養이니라

경문 "선남자여, 널리 공양한다는 것은 온 법계 허공계의 시방 삼세 모든 세계의 먼지 속에 낱낱이 모든 세계의 먼지 수처럼 많은 부처님이 계시고, 그 낱낱 부처님 처소마다 가지가지 보살 대중들이 모여 둘러싸고 모시는 것이니라. 내가 보현보살의 수행과 서원의 힘으로 깊은 믿음과 이해를 일으켜서 부처님 앞에 나타나 있듯이 알아보며 모두 훌륭한 공양거리로 공양하느니라."

해설 널리 공양하는 덕목이다. 사람을 만나면 먼저 예경하고, 다음은 찬탄의 인사말로 상대를 조금이라도 기분이 좋게 해주는 일이고, 다음은 말로만 끝나지 않고 반드시 무엇인가를 가지고 공양하는 일이다. 부처님을 믿고 사는 사람들은 스스로 부처님이 좋고 그 가르침과 도량이 좋아서 다닌다. 진정으로 좋아한다면 다른 사람에게도 그 좋은 것을 나누어 주도록 해야 한다. 그래서 사람들을 만나면 언제든지 건네줄 것을 준비하고 다녀야 한다. 음식도 좋고, 생활에 필요한 물건도 좋고, 어느 사찰의 불사에 대한 소식도 좋고, 합장주 하나라도 좋지만 불자는 당연히 법공양을 준비하고 다녀야 한다.

  법공양에 대해서는 뒤에 여러 가지가 소개 되겠지만 우선적으로 생각할 수 있는 것이 부처님의 가르침이 담긴 작은 책자를 가지고 다녀야 한다. 필자는 강원의 학인들에게 은사를 뵙기 위해서나 어른들을 찾아갈 때는 빈손으로는 절대 가지 말라고 늘 당부한다. 금정산의 돌 하나 나무 한 토막이라도 좋지만 법공양이 될 부처님의 가르침을 공양 올린다면 가장 바람직한 일이라고 가르친다. 그것은 경전에 근거한 일이며 당연히 해야 할 일이기 때문이다. 법공양이 공양 중에는 최상의 공양이다.

　반복되는 말이지만 무수히 많은 사람 부처님을 만나서 어찌 그냥 지나칠 수 있으랴. 경전에서는 "온 법계 허공계의 시방삼세 모든 세계의 먼지 속에 낱낱이 모든 세계의 먼지 수처럼 많고 많은 부처님이 계신다."고 하였으나 우리가 할 수 있는 길은 우선 가장 가까운 사람 부처님부터 공양해야 한다. 내 가족과 친지들과 이웃들과 동료들에게 가장 먼저 공양하고 나아가서 더 많은 사람들에게 공양하도록 생각해야 하리라. 사람을 보되 부처님을 눈앞에서 뵌 듯이 보기란 어렵더라도 내가 생각할 수 있는 가장 지극한 존경과 친절한 마음을 내어 공양하라는 뜻이다.

소위 화운과 만운과 천음악운과 천산개운과 천의
所謂 華雲과 鬘雲과 天音樂雲과 天傘蓋雲과 天衣
복운과 천종종향과 도향과 소향과 말향이라 여시등
服雲과 天種種香과 塗香과 燒香과 末香이라 如是等
운이 일일양여수미산왕하며 연 종종등호대 수등 유
雲이 一一量如須彌山王하며 然 種種燈호대 酥燈 油
등과 제향유등이니 일일등주가 여수미산하며 일일등
燈과 諸香油燈이니 一一燈炷가 如須彌山하며 一一燈
유가 여대해수하야 이여시등제공양구로 상위공양이
油가 如大海水하야 以如是等諸供養具로 常爲供養이
니라

경문 　이른바 꽃과 꽃다발과 천상의 음악과 천상의 일산과 천상의 옷과 천상의 여러 가지 향과 바르는 향과 사르는 향과 가루 향들이니라. 이와 같은 무더기 하나하나가 수미산과 같이 크니라. 또 여러 가지 등불을 켜는데 우유(酥) 등과 기름 등과 온갖 향유 등인데 낱낱 등의 심지는 수미산과 같고, 낱낱 등의 기름은 큰 바닷물과 같은 이러한 공양거리로 항상 공양하느니라.

해설 　부처님께 바치고 사람들에게 이바지 하는 공양거리의 종류는 무수히 많다. 옛날 인도에서는 꽃 공양을 중요하게 여긴 관례가 있어서 그 전통은 지금까지 이어진다. 법당에 꽃을 올리는 것이나 불교행사 때 꽃으로 장식하는 것은 빼놓을 수 없는 일이다. 사람들 사이에 사랑을 표현할 때도 반드시 꽃을 바친다. 또 즐거운 일에는 음악이 빠질 수 없다. 그리고 햇볕이 뜨거운 인도에서는 해를 가리는 일산이 필수적이다. 옷이 귀하던 옛날에는 옷이야말로 매우 큰 공양이 된다. 이런 모든 것들을 아주 고급으로 장만하여 공양 올리므로 천상의 것이라 하였다. 향료가 발달한 인도에서 향을 공양하는 것도 훌륭한 공양이었으리라. 전기가 없던 시절에 등불을 밝히는 일도 얼마나 값지고 소중한 일이었을까? 부처님께 올리는 공양거리로서 빠뜨릴 수 없다.

　이와 같은 등등의 공양거리로서 그 양은 세상에서 가장 큰 수미산과 같은 크기로 한다. 꽃이든 일산이든 옷이든 향이든 많이 올린다. 등불 공양에는 등불의 심지는 수미산처럼 크게 하고 기름은 큰 바닷물과 같은 양으로 한다고 했으니 참으로 놀라운 일이다. 이 얼마나 크고 넉넉한 마음인가. 보시하고 공양할 때 돈이든 물건이든 음식이든 이와 같이 여한 없이 시원스럽게 해야 한다.

사찰에서는 공양 시간이 되면 대상이 누구이든 "공양하십시오."라고 한다. 공양이라는 말은 부처님께 이바지하는 것을 뜻한다. 그런데 사람을 보고 공양하라는 말 속에는 그가 누구든 당신도 부처님이니 공양을 받아 마땅하다는 뜻이 담겨있다. 부처님께 공양 올리러 온 사람이거나 사찰에 해를 끼치러 온 사람이거나 선악을 불문하고 모두가 부처님이니 공양 받아 마땅하다는 숭고하고 거룩한 뜻이 들어 있다. 그러므로 불자의 가정에서는 반드시 '공양'이라는 말부터 쓰는 습관을 길러야 한다고 권하고 싶다.

5. 법공양이 으뜸이다

善男子야 諸供養中에 法供養이 最니 所謂如說修行
供養과 利益衆生供養과 攝受衆生供養과 代衆生苦
供養과 勤修善根供養과 不捨菩薩業供養과 不離菩
提心供養이니라 善男子야 如前供養無量功德으로 比
法供養一念功德컨대 百分에 不及一이며 千分에 不及
一이며 百千俱胝那由他分과 迦羅分과 算分과 數分과
喩分과 優波尼沙陀分에도 亦不及一이니라

경문 "선남자여, 모든 공양 가운데는 법공양이 으뜸이니라. 부처님 말씀대로 수행 하는 공양과 중생들을 이롭게 하는 공양과 중생들을 거두어 주는 공양과 중생들의 고통을 대신하는 공양과 선근을 닦는 공양과 보살이 해야 할 일을 버리지 않는 공양과 보리심을 여의지 않는 공양들이 그것이니라.

선남자여, 먼저 말한 여러 가지로 공양한 한량없는 공덕을 한 순간 잠간 법으로 공양한 공덕에 비하면 백분의 일이 못 되고, 천분의 일도 못 되며, 백 천구지 나유타 분의 일도 못 되며, 가라분의 일도 못 되며, 산분, 수분의 일, 우파니사타 분의 일도 못 되느니라."

해설 위에서 예를 든 온갖 값지고 귀한 물건들을 이 세상에서 제일 큰 수미산만큼 쌓아놓고 공양한다 하더라도 법공양과는 비교할 수 없다는 가르침을 주의 깊게 듣고 반드시 실천해야 하리라. 우리나라의 불교가 보다 널리 전파되지 못하고 그나마 정법이 아닌 삿된 법으로 알려진 것은 물질의 공양만 중요시하고 법공양을 등한시하였기 때문이다. 그런 뜻에서 「보현행원품」이 널리 읽혀져야 할 것이다.

사람의 식성에 비유해서 말한다면 부처님의 식성에 맞는 음식은 법공양이다. 우리가 올리는 물질적 공양은 부처님의 식성을 무시하고 우리들의 입장에서 올리는 것이다. 그것은 마치 손님을 초대해 놓고 손님은 싫어하는데 자기 자신이 좋아하는 음식만을 대접하는 것과 같은 이치다. 그것이 무슨 대접이 되겠는가. 반드시 그가 무엇을 즐겨 먹는지를 알아보고 대접을 하면 돈도 적게 들 것이고 손님도 흡족해 하리라. 왜 이런 이치를 모르는가? 우리나라의 불자들은 너무나 이상할 정도다. 그 동안 불공을 올린 것을 되돌아보자. 무엇을 올렸는가? 부처님의 식성을 한 번이라도 생각하고 불공을 하였는가? 부처님은 관심이 없는데 자신이 좋아하는 것들을 올려놓고 불공을 하지는 않았는가?

법공양의 일곱 가지 의미를 다음과 같이 들고 있다.

첫째. 부처님 말씀대로 수행하는 공양이다.

부처님 말씀대로 수행하려면 먼저 부처님의 말씀을 알아야 하는 것이 무엇보다 우선이다. 말씀이란 곧 가르침이다. 불교란 두말할 것도 없이 부처님(佛)의 가르침(敎)이다. 그러므로 부처님의 가르침을 먼저 공부하는 것은 당연한 일인데도 대다수 불자들은 승속을 막론하고 그것을 등한시한다. 가르침을 알고 난 뒤에 수행하든지 하지 않든지 할 일이다. 그러므로 부처님의 가르침을 알게 하는 법공양이 제일 먼저다. 그래서 경전을 보시하고 법문을 들려 주고 한 쪽짜리의 일지경 紙經이라도 널리 전해 주는 일을 열심히 해야 한다. 이것이 우리가 할 수 있는 최소한의 법공양이며 다른 공양보다 월등하게 뛰어난 공양이라고 할 수 있다.

둘째. 중생들을 이롭게 하는 공양이다.

중생들을 이롭게 한다고 하여 고급 종교인 불교가 나서서 복지부에서나 다른 종교에서 흔히 하는 의식주 문제를 돌보는 것으로서 중생들을 이롭게 하는 공양을 한다고 생각해서는 안 된다. 그것은 틀린 생각이다. 부처님은 중생들에게 단 한 번도 의식주를 도와준 일이 없다. 다만 참다운 이치(眞理)를 가르침으로서 중생들에게 공양을 하였고 보시를 하였다. 조사스님들의 어록이 무수하지만 어디에도 의식주 문제로써 중생들을 교화하였다는 기록은 거의 없다. 설사 그런 일이 있었더라도 역사에 기록할만한 일은 못 되기 때문이다. 역대 조사스님들도 오로지 진리의 가르침으로써 사람들에게 공양하고 보시하였으며 의식주 문제는 언제나 세상 사람들에게 의지하였다. 물론 법공양을 위한 방편으로 하는 것은 마땅하지만 방편을 쓴다고 방편에만 그치고 법공양이 없는 의식주 공양은 잘못이다. 그러므로 불자는 언제나 진리의 가르침으로써 공양하고 보시하려고 해야 한다. 그것이 법공양이며 다른 공양보다 수백만 배나 수승한 공양이 된다.

셋째. 중생들을 거두어 주는 공양이다.

자비심으로 사람들을 섭수하고 거두어 주는 일이다. 모두들 자기의 어린 자녀들을 사랑하는 마음으로 잘 거두어 주듯이 그 마음으로 모든 사람들을 잘 섭수하고 거두어 주는 일인데 여기서도 가능하면, 아니 절대적으로 진리의 가르침으로 섭수하고 거두어 주어야 한다. 부모가 자녀들을 거두어 주는 일은 사람이면 다 하는 일이다. 자선단체에서도 얼마든지 하는 일이다. 불교라는 이름아래 사람들을 거둔다면 반드시 달라야 한다. 바른 이치로써 어리석은 생각과 견해를 깨우쳐 주고 바로잡아 주는 일이 불교적인 섭수다. 그래야 법공양이라고 할 수 있으며 다른 물질적 공양보다 수백만 배나 수승한 공양이라고 할 수 있다.

넷째. 중생들의 고통을 대신하는 공양이다.

불교를 믿는다는 것은 진정한 행복의 길을 가는 것이다. 다른 사람들의 고통을 대신하는 일도 진실한 불자에게는 행복이며 즐거움이다. 높은 산을 오르는 사람들은 다른 사람이 볼 때 그 위험을 무릅쓰고 엄청난 고통을 감수하면서 그런 일을 무엇 때문에 하는가라고 생각하지만 그들은 대단한 즐거움과 행복이 있기 때문에 하는 것이다. 인생을 살아가면서 자신에게 닥쳐온 고통도 감내하기 어려운데 남의 고통까지 대신한다는 것은 보통 사람의 상식으로는 이해되지 않는다. 그러나 보살의 자비심이 있는 사람에게는 자신의 고통은 잊은 지 오래다. 다만 다른 사람들이 고통을 받고 있는 사실이 눈에 보이고 마음 아플 뿐이다. 그래서 그들의 고통을 대신하는 일로써 자신의 행복과 즐거움을 삼는다. 이런 일은 부처님 마음에 계합하는 일이다. 이것이 다른 물질적 공양보다 수백만 배나 수승한 법공양이다.

다섯째. 선근을 닦는 공양이다.

불교를 믿고 공부하고 실천하는 일은 모두가 선근을 닦는 일이며 그것은 모든 사람들에게 이익이 되고 행복이 되는 일이기 때문이다. 그렇다면 불교를 믿고 공부하고 실천하는 일은 당연히 사람들의 이익과 행복에 도움이 되어야 한다. 만약 불교를 한다고 하면서 사람들의 이익과 행복에 도움이 되지 않는다면 그것은 불교가 아니다. 그래서 자기 자신만을 위해서 공부하는 소승들을 불교에 붙어사는 외도들이라 하지 않던가? 차라리 지옥과 아귀와 축생으로 돌아다닐지언정 자기만을 위한 소승은 되지 말라고 경고한다. 그리고 불교를 통한 선근을 닦더라도 또 한 가지 기억해야 할 것이 있다. 세상의 온갖 잡다한 것으로 사람들에게 이익을 주는 것보다는 부처님께서 깨달으시고 널리 전하신 진리의 가르침으로 이익이 되게 해야 한다. 그것이 불교만이 갖는 특색이며 장점이다. 그렇게 할 때 다른 물질적 공양보다 수백만 배 우수하고 뛰어난 공양이 될 수 있다.

여섯째. 보살의 할 일을 버리지 않는 공양이다.

보살의 할 일이 무엇일까? 보살이 할 일이 많고 또 많지만 그 중 두 가지를 든다면, 보살은 부단히 자신의 향상과 발전을 위해서 정진하고 한편으로는 열심히 다른 사람들의 이익과 행복에 도움이 되는 일을 하는 것이다. 자신의 향상과 발전을 위해서 정진한다 하더라도 잘 살펴서 해야 하며 지혜롭고 현명하게 해야 한다. 세상에는 가르침도 많고 해야 할 공부도 많다. 그러므로 잘 살펴서 가장 우수한 공부, 즉 성인이 가르치신 인류 최고의 공부를 해야 사람들에게도 보다 훌륭한 혜택을 베풀 수 있기 때문이다. 그리고 다른 사람들의 이익과 행복을 위한 일이라 하더라도 차원이 다르다. 진정 보살이 남을 위한 일을 한다면 반드시 부처님과 조사님들이 하셨듯이 진리의 가르침으로 해야 한다. 그것이라야 경전에서 밝힌 대로 다른 물질적 공양보다 수백만 배 수승한 공양이 되기 때문이다. 이와 같은 일이 보살의 할 일을 버리지 않는 공양이다.

일곱째. 보리심을 여의지 않는 공양이다.

보리심이란 깨달은 사람의 마음이다. 깨달은 사람의 마음이란 깨달은 사람, 즉 부처님과 조사님들이 중생들을 대하여 쓰는 마음이다. 흔히 보살의 자비심으로도 표현된다. 부처님과 조사님들이 중생들에게 쓰는 마음은 자나 깨나 고통을 받는 중생들을 건져 주려고 하는 마음이며, 중생들에게 지혜의 가르침으로 어리석음을 깨우쳐 주려는 마음이며 어떤 방편을 쓰더라도 진리의 길로 인도하려는 마음이다. 마치 바다에 빠진 사람이 송장이라도 타고 헤엄 쳐서 바다에서 벗어나야 하는 절박한 심정으로 보살이 중생들을 제도하려는 것이다. 곧 사형에 처할 죄수가 화장실의 똥통 속을 지나서라도 도망칠 수 있다면 얼마든지 할 수 있듯이 보살은 중생들을 위한 일이라면 무엇이든 마다하지 않는 마음이 보리심이며 마음을 여의지 않는 공양은 법공양이며 다른 물질로 의식주를 공양하는 것 보다 수백만 배나 수승한 공양이다.

그러므로 불교를 아는 불자라면 당연히 모든 재산과 모든 능력을 법공양에 써야한다. 불자는 법공양의 진정한 가치를 알기 때문이다. 경전에서 밝힌 대로 "꽃과 꽃다발과 천상의 음악과 천상의 일산과 천상의 옷과 천상의 여러 가지 향과 바르는 향과 사르는 향과 가루 향들을 수미산과 같이 크게 공양하고, 또 갖가지 등불을 켜는데 우유(酥)등과 기름 등과 온갖 향유 등인데 낱낱 등의 심지는 수미산과 같고, 낱낱 등의 기름은 큰 바닷물과 같은 이러한 공양거리로 항상 공양한다."고 하는 것 보다 법공양은 수백만 배, 수천만 배, 수억만 배가 더 수승하기 때문이다.

진정으로 부처님께 공양(佛供)하는 일이 무엇인가를 「보현행원품」은 너무나도 명확하게 밝히고 있다. 그래서 이 「보현행원품」을 『화엄경』의 결론이며 불교의 결론이라고 한다.

何以故오 以諸如來는 尊重法故며 以如說行에 出生
諸佛故라 若諸菩薩이 行法供養하면 則得成就供養
如來니 如是修行이 是 眞供養故니라 此 廣大最勝供
養을 虛空界盡하며 衆生界盡하며 衆生業盡하며 衆生
煩惱盡하면 我供乃盡이어니와 而虛空界와 乃至煩惱가
不可盡故로 我此供養도 亦無有盡이니라 念念相續하
야 無有間斷하야 身語意業이 無有疲厭이니라

경문 왜냐하면 모든 부처님들은 법을 존중하기 때문이다. 부처님의 말씀대로 수행하는 것이 부처님을 출생하기 때문이다. 만약 모든 보살들이 법공양을 행하면 이것이 곧 부처님께 공양함을 성취하는 것이며 이와 같이 수행함이 진실한 공양이기 때문이니라. 이것은 넓고 크고 가장 훌륭한 공양이니 허공계가 끝나고 중생계가 끝나고 중생의 업이 끝나고 중생의 번뇌가 끝나야 나의 공양이 끝나려니와 허공계와 내지 중생의 번뇌가 끝날 수 없으므로 나의 이 공양도 끝나지 않느니라. 이와 같이 염념이 계속하여 잠깐도 쉬지 않건만 몸과 말과 뜻으로 하는 일도 지치거나 싫어함이 없느니라.

해설 왜 앞에서 끊임없이 법공양의 공덕을 강조하였는가? 다른 물질적인 공양의 공덕과 비교하면 도저히 상상할 수 없을 정도로 엄청난 차이가 있다고 하였는가? 모든 지혜롭고 현명한 사람이며 진리를 깨달은 사람인 부처님은 법을 존중하기 때문이다. 또한 진리를 깨달은 사람들의 가르침대로 수행하면 곧 깨달은 사람들이 쏟아지기 때문이다. 그래서 『금강경』에서도 깨달음의 가르침에 의하여 깨달은 사람이 출생한다고 하였다. 깨달음의 가르침을 법이라고 한다. 그래서 법공양을 그토록 강조하는 것이다. 그리고 만약 법공양을 행하면 그것은 곧 부처님에게 공양하는 일이다.

그런데 우리는 부처님에게 공양하는 일을 불공이라고 하여 부처님의 생각은 아랑곳하지 않고 사람들이 좋아하는 돈이나 쌀이나 먹을 것이나 기타 물질적인 것들을 법당에 올리는 것으로서 불공이라 한다. 그리고는 무엇을 얼마나 맡겨 두었는지 빌고 또 빌고 조르고 또 조른다. 한 번 빌고 두 번 빌고 세 번까지 빈다. 그것을 재고축再告祝 삼고축三告祝이라 한다. 부처님의 마음을 몰라도 너무나 모르는 처사다. 법공양을 해야 참으로 부처님에게 공양하는 것이 된다는 사실을 이제는 알아야 할 때다. 늦었으나 지금부터라도 올바른 불공을 해야 불교가 바로 갈 것이며 많은 사람들에게 이익이 있기 때문이다.

불교의 특색을 수행이라고 하는데 「보현행원품」에서 밝히기를 부처님의 가르침대로 하는 것이 수행이며 따라서 그것이 진실한 법공양이라고 하였다. 그리고 광대하고 가장 훌륭한 공양이라고 하였다. 그래서 가르침을 널리 전하는 것을 가장 우선하는 법공양이라고 생각하여 경전을 많은 사람들에게 널리 전하는 일을 열심히 하는 것이다. 참다운 불공, 즉 법공양하는 일을 허공계가 끝나고 중생계가 끝나고 중생의 업이 끝나고 중생의 번뇌가 끝날 때까지 하는 것, 이것이 보살의 할 일이며 불자가 신명을 다 바쳐 할 일이다. 보살이 되기 위한 덕목이 아니라 필수적으로 자신의 모든 재산과 능력을 다 기울여 해야 할 일이다.

6. 업장을 참회하다

부차 선남자야 언 참제업장자는 보살이 자념호대 아
復次 善男子야 言 懺除業障者는 菩薩이 自念호대 我
어과거무시겁중 유탐진치 발신구의 작제
於過去無始劫中에 由貪瞋癡하야 發身口意하야 作諸
악업이 무량무변하니 약차악업이 유체상자﹃댄 진허
惡業이 無量無邊하니 若此惡業이 有體相者﹃댄 盡虛
공계에 불능용수리니 아금 실이청정삼업으로 변어
空界에 不能容受리니 我今 悉以淸淨三業으로 徧於
법계극미진찰 일체제불보살중전하야 성심참회하
法界極微塵刹 一切諸佛菩薩衆前하야 誠心懺悔하
고 후불부조하야 항주정계일체공덕이라하나니라 여시 허
고 後不復造하야 恒住淨戒一切功德이라하나니라 如是 虛
공계진하며 중생계진하며 중생업진하며 중생번뇌진
空界盡하며 衆生界盡하며 衆生業盡하며 衆生煩惱盡
이면 아참 내진이어니와 이허공계와 내지중생번뇌가
이면 我懺 乃盡이어니와 而虛空界와 乃至衆生煩惱가
불가진고로 아차참회도 무유궁진이니 염념상속하야
不可盡故로 我此懺悔도 無有窮盡이니 念念相續하야
무유간단하야 신어의업이 무유피염이니라
無有間斷하야 身語意業이 無有疲厭이니라

경문 "선남자여, 업장을 참회한다는 것은 보살이 스스로 생각하기를 '내가 지나간 세상 아주 오랜 겁 동안에 탐내고 성내고 어리석은 탓으로 몸과 말과 생각으로 악한 업을 지은 것이 한량없고 가없으니, 만일 그 악한 업이 형상이 있다면 끝없는 허공으로도 그것을 다 용납할 수가 없으리라. 내가 이제 청정한 세 가지 업으로 법계에 두루 한 아주 작은 먼지 수와 같이 많은 세계의 모든 부처님과 보살대중 앞에 지성으로 참회하고 다시는 악한 업을 짓지 않으며 깨끗한 계율의 모든 공덕에 항상 머물리라.' 하는 것이니라.

　이와 같이 허공계가 끝나고 중생계가 끝나고 중생의 업이 끝나고 중생의 번뇌가 끝나야 나의 참회도 끝나려니와, 허공계와 내지 중생의 번뇌가 끝날 수 없으므로 나의 이 참회도 끝나지 않느니라. 염념이 계속하여 잠깐도 쉬지 않건만 몸과 말과 뜻으로 하는 일은 지치거나 싫어 함이 없느니라."

해설 업장을 참회한다는 것은 자신의 잘못이 있어서 하는 참회만은 아니다. 자신의 업장과 다른 사람의 업장까지 모두 참회한다. 세상이 이처럼 어렵고 힘들고 고통이 많은 원인은 대개는 사람들이 악한 업을 지어서 돌아오는 결과다. 이미 가지고 있으면서 더 가지려고 탐욕을 부려서 생명과 재산을 빼앗고 나라와 권력을 빼앗느라고 숱한 악업을 거침없이 짓는다. 권모술수와 음모를 꾸며서 사정없이 빼앗는다. 인류 역사에 벌어진 모든 전쟁은 탐욕에서 시작되었다. 탐욕 이외에 다른 아무 것도 아니다. 또한 의식주가 충분하건만 더 가지려고 막무가내로 자연을 훼손하여 사람들에게 돌아오는 피해는 또 얼마인가?

성내는 일도 탐욕에 버금간다. 대개 탐욕이 전쟁의 원인이지만 때로는 분노를 참지 못하여 일어나는 전쟁도 적지 않으며 소모되는 인명과 물자는 또 얼마나 많은가? 나라와 나라 사이가 그렇고 사람과 사람 사이도 그렇다. 그로 인하여 저지르는 악업은 이루 말할 수 없이 많다. 석가모니 부처님은 일찍이 당신의 고국 카필라성을 침범하는 이웃나라가 있었건만 마음을 텅 비우고 맞서서 싸우지도 않았고 원한을 품거나 원수를 갚으려고도 하지 않았다. 그것만이 해결의 열쇠라는 사실을 알기 때문이다.

탐욕과 분노 못지않게 어리석음이 또한 악업을 짓는 큰 원인이 되기도 한다. 어리석음이란 지혜가 없다는 뜻이기도 하지만 실은 탐욕을 부리고 분노를 참지 못하는 것도 어리석음 때문이다. 현명하고 지혜로운 사람은 탐욕도 없고 분노도 없다. 재산도 권력도 부귀영화도 그 근원을 알며, 모든 존재의 근본을 꿰뚫어 보는 안목이 있으므로 결코 그와 같은 어리석은 짓은 하지 않는다. 그러고 보면 악업의 근본 원인은 어리석음이라 해도 과언이 아니다. 세상에 어리석어서 남의 말이 먹히지 않거나 도대체 다른 사람을 배려하려는 마음이 전혀 없는 쇠말뚝 같은 사람은 어떻게 해 볼 도리가 없다. 그러므로 악업을 지을 수밖에 없다.

악업을 짓는 데는 몸과 말과 생각이 모두 동원이 된다. 그래서 신구의 身口意 삼업의 탐진치로 갖은 악업을 다 짓는다고 흔히 말한다. 내가 지었거나 남이 지었거나 악업이 만약 형상이 있다면 얼마나 클까. 경전에서 말한바 대로 저 드넓은 허공으로도 그것을 다 수용하지 못할만큼 크고 많으리라. 그것을 본래로 청정하여 텅 빈 신구의 삼업으로 참회한다고 한 것은 신구의마저도 텅 비어 없으며 그 셋이 짓는 업도 또한 텅 비어 없는 도리를 아는 일이다. 경전에 말하기를 "죄업이란 자성이 없는데 다만 사람의 마음으로부터 일어난다. 그런데 그 마음이란 것도 궁구해 보면 고정된 실체가 없다는 것을 알게 된다. 죄업의 근본 바탕인 마음이 근본 실체가 없다면 실체가 없는 것 위에 건립된 죄업이 또한 존재할 수 없는 이치이다. 이렇게 이해하면 죄업도 없고 마음도 없어서 모두가 청정하고 텅 비어 공적한 그 무엇뿐이다. 이것이 사람사람들의 본래의 참 모습이다. 없는 죄업을 참회할 것이 없지만 굳이 참회라고 한다면 이것이 참다운 참회라고 할 것이다[罪無自性從心起 心若滅時罪亦亡 罪亡心滅兩俱空 是卽名爲眞懺悔]"라고 하였다.

이와 같은 참회가 없는 참회를 무수한 부처님과 보살대중 앞에서 이 몸과 마음을 다해 허공계가 끝나고 중생계가 끝나고 중생의 업이 끝나고 중생의 번뇌가 끝날 때까지 하염없이 하는 것, 이것이 또한 자신을 철저히 관리할 줄 아는 아름다운 보살의 쉼 없는 정진이요 생활이다.

7. 남의 공덕을 따라 기뻐하다

復次 善男子야 言 隨喜功德者는 所有 盡法界虛空
界 十方三世一切佛刹 極微塵數 諸佛如來가 從初
發心으로 爲一切智하사 勤修福聚하야 不惜身命하고 經
不可說不可說 佛刹極微塵數劫토록 一一劫中에 捨
不可說不可說 佛刹極微塵數頭目手足하야 如是一
切難行苦行으로 圓滿種種波羅蜜門하고 證入種種
菩薩智地하야 成就諸佛無上菩提와 及般涅槃에 分
布舍利한 所有善根을 我皆隨喜하며

及彼十方一切世界 六趣四生一切種類의 所有功德을 乃至一塵이라도 我皆隨喜하며 十方三世一切聲聞과 及 辟支佛인 有學 無學의 所有功德을 我皆隨喜하며 一切菩薩의 所修無量難行苦行으로 志求無上正等菩提하는 廣大功德을 我皆隨喜니 如是 虛空界盡하며 衆生界盡하며 衆生業盡하며 衆生煩惱盡하야도 我此隨喜는 無有窮盡이니 念念相續하야 無有間斷하야 身語意業이 無有疲厭이니라

경문 "선남자여, 남의 공덕을 따라 기뻐한다는 것은 온 법계 허공계 시방 삼세 모든 세계의 아주 작은 먼지만큼 많은 수의 여러 부처님들이 처음 발심한 때로부터 모든 지혜를 위하여 복덕을 부지런히 닦을 적에 몸과 목숨을 아끼지 않고 이루 다 말할 수 없이 말할 수 없는 많은 세계의 아주 작은 먼지만큼 많은 수의 겁을 지나는 동안 이루 다 말할 수 없이 말할 수 없는 많은 세계의 아주 작은 먼지만큼 많은 수의 머리와 눈과 손과 발을 보시하였느니라. 이와 같이 온갖 행하기 어려운 고행을 행하면서 갖가지 바라밀다문을 원만히 갖추었느니라. 또한 갖가지 보살의 지혜에 들어가 모든 부처님의 가장 훌륭한 보리를 성취하였으며, 열반에 든 뒤에는 그 사리를 나누어 공양하였나니 그 모든 훌륭한 일들을 내가 모두 따라 기뻐하느니라.

또 시방 모든 세계의 여섯 갈래 길에서 네 가지로 생겨나는 모든 종류들이 지은 바 공덕과 내지 한 개의 먼지만한 것이라도 내가 모두 따라서 기뻐하느니라. 또 시방 삼세 모든 성문과 벽지불의 배우는 이와 배울 것 없는 이의 온갖 공덕을 내가 모두 따라서 기뻐하느니라. 또 모든 보살들이 한량없는 행하기 어려운 고행을 닦으면서 가장 높은 보리를 구하던 넓고 큰 공덕을 내가 모두 따라서 기뻐하느니라.

이와 같이 하여 허공계가 다하고 중생계가 다하고 중생의 업이 다하고 중생의 번뇌가 다하여도 나의 이 함께 기뻐하는 일은 끝나지 않으리라. 염념이 계속하여 쉬지 않건만 몸과 말과 뜻으로 하는 이 일은 지치거나 싫어 함이 없느니라."

해설 일상생활에서 남의 공덕이나 잘한 일을 보고 사람을 차별하지 않고 칭찬한다는 것이 쉬울 것 같으나 참으로 어려운 일 중에 하나다. 그래서 보살이 실천해야 할 덕목 중에 들어간다. 자신과 가까운 가족들이나 친구들이나 친지들의 잘한 일을 찬탄하기도 실은 쉽지 않다. 「보현행원품」에서는 찬탄해야 할 대상을 열거하였는데 이 세상에 존재하는 모든 생명체들을 다 들고 있다. 불교에서 모든 생명체라면 4성聖 6범凡과 4생生을 말한다. 부처님과 보살과 연각과 성문이 4성聖, 즉 성인에 들어가는 분들이다. 지옥 아귀 축생 인도 천도 아수라가 6범凡, 즉 범부라고 일컫는 부류다. 그리고 태생 난생 습생 화생이 4생生이다. 부처님으로부터 눈에 보이지도 않는 미물에 이르기까지 모든 생명체들을 차별하지 않고 찬탄하라는 내용이다.

먼저 석가모니 부처님의 역사적 생애를 자세히 공부하여 그 어렵고 훌륭했던 삶을 찬탄한다. 또한 경전에 나타난 부처님의 세세생생의 수행을 공부하여 그 자세한 내용들을 일일이 찬탄한다. 「보현행원품」에서 이야기하고 있는 부처님에 대한 뛰어난 점들은 역사적인 석가모니 부처님을 넘어서 사람사람들의 내면에 이미 갖추고 있는 본래의 부처님 능력과 공덕을 찬탄한 것이다.

싯달태자가 6년의 수행 끝에 깨달음을 이루어 부처가 되고 보니 실은 수행이란 것을 하지 않고도 이미 사람사람들이 다 갖추고 있는 사실임을 알게 되었다. 그래서 『화엄경』에 이렇게 토로하였다. "신기하고 신기하여라. 어느 한 중생도 여래의 지혜를 갖추지 않은 이가 없구나. 본래로 이미 부처님이구나. 다만 그 사실을 모를 뿐이구나. 마치 자기의 주머니 속에 수억만 금의 가치 있는 보물을 가지고 있으면서 가지고 있다는 사실을 모르듯이. 이 사실을 모르는 망상과 집착만 없다면 온갖 위대한 지혜가 저절로 드러날 것이다."라고 하였다.

또 6조 혜능 대사도 『금강경』 한 구절을 듣고 마음이 밝아져서 일체 만법이 자신의 마음에서 떠나지 않았음을 알고 이렇게 말하였다.

"내 자성이 수행하지 않더라도 본래 저절로 청정하다는 사실을 어찌 상상이나 했겠는가? 내 자성이 수행하지 않더라도 본래로 불생불멸의 영원한 생명이라는 사실을 짐작이나 했겠는가? 내 자성 안에 온갖 지혜와 복덕이 갖추어져 있다는 사실을 내 어찌 알았겠는가."라고 하였다. 이처럼 우리들 보통의 사람들도 모두가 본래부터 완전무결한 부처님이라는 사실을 이해하고 찬탄하고 또 찬탄하여야 한다는 뜻이다.

그와 같은 의미의 부처님뿐만 아니라, 실은 모든 존재 모든 생명이 다 그와 같은 불가사의한 내용을 갖추고 있으며 모두가 한결같은 존엄성을 갖추고 있기 때문에 찬탄하지 않을 이유가 없기 때문이다. 하물며 성문, 연각, 보살이야 말해 무엇 하며, 4생生 6취趣가 모두 다 하나 같이 지극한 존엄성과 가치를 지니고 있기 때문에 찬탄하여야 한다.

그러나 무엇보다 우선해서 찬탄하여야 할 대상들은 내 가족, 내 친지, 내 이웃, 내 도반 등등 나와 인연을 함께하고 있는 사람들이다. 이들의 모든 면면들을 깊이 이해하고 수용하여 언제나 부처님으로 찬탄하고 공경하며 더불어 살아갈 때 그들도 행복하고 나도 또한 행복하리라. 아름다운 삶을 살아가는 보살의 인생에서 꼭 실천해야 할 것이 남의 공덕을 찬탄하는 일이다. 그래서 허공계가 다하고 중생계가 다하고 중생의 업이 다하고 중생의 번뇌가 다할 때까지 쉼 없이 찬탄하리라.

8. 설법하여 주기를 청하다

復次_{부차} 善男子_{선남자}야 言_언 請轉法輪者_{청전법륜자}는 所有_{소유} 盡法界虛空界_{진법계허공계} 十方三世_{시방삼세} 一切佛刹_{일체불찰} 極微塵中_{극미진중}에 一一各有_{일일각유} 不可說不可說_{불가설불가설} 佛刹極微塵數_{불찰극미진수} 廣大佛刹_{광대불찰}하며 一一刹中_{일일찰중}에 念念有_{염념유} 不可說不可說_{불가설불가설} 佛刹極微塵數_{불찰극미진수} 一切諸佛_{일체제불}이 成等正覺_{성등정각}하사 一切菩薩海會_{일체보살해회}가 圍遶_{위요}어든 而我悉_{이아실} 以身口意業_{이신구의업}의 種種方便_{종종방편}으로 殷勤勸請_{은근권청}하야 轉妙法輪_{전묘법륜}이니 如是_{여시} 虛空界盡_{허공계진}하며 衆生界盡_{중생계진}하며 衆生業盡_{중생업진}하며 衆生煩惱盡_{중생번뇌진}하야도 我常勸請一切諸佛_{아상권청일체제불}하야 轉正法輪_{전정법륜}은 無有窮盡_{무유궁진}이니 念念相續_{염념상속}하야 無有間斷_{무유간단}하야 身語意業_{신어의업}이 無有疲厭_{무유피염}이니라

경문 "선남자여, 설법하여 주기를 청하는 것은 온 법계 허공계 시방 삼세 모든 세계의 아주 작은 먼지 하나하나마다 이루 다 말할 수 없이 말할 수 없는 많은 세계의 아주 작은 먼지같이 많은 수의 넓고 큰 세계가 있느니라. 그 낱낱의 세계 안에서 잠깐잠깐 동안에 이루 말할 수 없이 말할 수 없는 많은 세계의 아주 작은 먼지만큼 많은 수의 부처님들이 바른 깨달음을 이루고, 모든 보살대중들이 둘러앉아 있는데 내가 몸과 말과 뜻으로 하는 갖가지 방편으로써 미묘한 법문 설하여 주기를 은근히 청하는 것이니라.

이와 같이 하여 허공계와 중생계가 끝나고 중생의 업과 중생의 번뇌가 끝나더라도 내가 모든 부처님께 항상 바른 법 설하여 주기를 청하는 일은 끝남이 없을 것이니 염념이 계속하여 잠깐도 쉬지 않건만 몸과 말과 뜻으로 하는 일은 지치거나 싫어함이 없느니라."

해설 이 세상에는 많고 많은 부처님과 보살들이 계시고, 많고 많은 선지식과 스승님들이 계신다. 그 많은 불보살과 선지식들에게 언제나 가르침을 청하여 무엇이든 배울 자세를 가져야 한다. 어떤 사람이라도 자기 발전과 향상에 마음이 있는 사람들이나 공부와 수행에 뜻이 있는 사람들의 가장 이상적인 모델이 『화엄경』의 선재동자다.

선재동자는 그 유명한 53명의 선지식들을 찾아다니면서 숱한 고행과 난행을 겪으면서 자기 향상과 수행을 쌓아간다. 한 사람 한 사람의 선지식을 만날 때 마다 훌륭한 가르침을 듣고 수행을 쌓아가지만 결코 지치거나 싫어하지 않고 다음의 선지식을 소개받는다. 소개를 받은 선지식은 반드시 찾아가서 새로운 가르침을 듣는다. 그러다가 마지막 미륵보살을 만나서는 미륵보살이 손가락을 한번 퉁기는 사이에 그 동안 52명의 선지식에게서 일생 동안 배운 모든 가르침을 다 잊어버린다. 그래서 미륵보살은 맨 처음 만났던 문수보살을 다시 만나서 그 동안 배운 공부와 쌓은 수행을 다시 하기를 지시한다. 그 말씀을 듣고 선재동자는 처음 시작할 때의 마음 그대로 문수보살을 찾아 떠나게 된다. 그래서 그 동안 밟아 온 과정을 새로 시작하게 된다.

그리고 53명의 선지식은 스승이라고 생각하기에는 너무나 의심스런 사람들도 많이 만난다. 삿된 종교를 믿는 외도가 있는가 하면 기생도 있고 어린 사람도 있고 바라문도 있고 비구 비구니 등 다양한 사람들에게 배울 것을 다 배우고 한 번도 싫증을 내지 않는다. 이러한 행위가 수행하기를 마음먹은 사람으로서, 또는 아름다운 삶을 살고자 하는 보살로서 당연히 걸어가야 할 길이며 덕목이다.

사람들은 배우기를 좋아하지 않고 가르치기를 좋아한다. 그러므로 배우기를 좋아해서 무엇이나 묻기를 좋아하는 것만으로도 그 사람은 좋은 사람이라는 평가를 받게 된다. 누구에게나 물으면 가르쳐 주기를 좋아하기 때문이다. 공자님도 아랫사람에게 묻기를 부끄러워하지 않았다고 한다. 그와 같은 마음이 있었기에 천하의 공자가 된 것이리라. 하물며 인류 최고의 가르침을 배우고 그것을 펴는 불교공부를 하는 사람으로서 다른 사람들에게 열심히 묻고 가르쳐 주기를 간청하는 일은 너무나 당연한 태도라고 할 수 있다.

9. 부처님이 세상에 오래 머무시기를 청하다

부차 선남자 언 청불주세자 소유 진법계허공
復次 善男子야 **言 請佛住世者**는 **所有 盡法界虛空**
계 시방삼세 일체불찰 극미진수 제불여래 장
界 十方三世 一切佛刹 極微塵數 諸佛如來가 **將**
욕시현반열반자 급제보살 성문연각 유학무학
欲示現般涅槃者와 **及諸菩薩 聲聞緣覺 有學無學**
　　　내지일체제선지식　　아실권청　　　막입열반
과 **乃至一切諸善知識**을 **我悉勸請**하야 **莫入涅槃**하야
　　경어일체불찰극미진수겁　　위욕이락일체중생
經於一切佛刹極微塵數劫토록 **爲欲利樂一切衆生**
　　여시 허공계진　　　중생계진　　　중생업진
이니 **如是 虛空界盡**하며 **衆生界盡**하며 **衆生業盡**하며
　중생번뇌진　　아차권청　　무유궁진　　염념상
衆生煩惱盡하야도 **我此勸請**은 **無有窮盡**이니 **念念相**
속　　무유간단　　신어의업　　무유피염
續하야 **無有間斷**하야 **身語意業**이 **無有疲厭**이니라

경문 "선남자여, 부처님이 세상에 오래 머무시기를 청한다는 것은 온 법계 허공계 시방 삼세 모든 세계의 아주 작은 먼지만큼 많은 수의 부처님이 열반에 드시려 하거나, 모든 보살과 성문과 연각으로서 배우는 이와 배울 것 없는 이와 내지 일체 선지식들에게 내가 모두 권하여 열반에 들지 말고 모든 세계의 아주 작은 먼지만큼 많은 수의 겁을 지나도록 일체 중생들을 이롭게 하여 달라고 청하는 것이니라.

이와 같이 하여 허공계가 끝나고 중생계가 끝나고 중생의 업이 끝나고 중생의 번뇌가 끝나더라도 나의 권하고 청하는 일은 끝나지 않느니라. 염념이 계속하여 잠깐도 끊어짐이 없건 만 몸과 말과 뜻으로 하는 일은 지치거나 싫어 함이 없느니라."

해설 그 많고 많은 사람 부처님들과 일체 생명 부처님들의 건강을 염려하고 보살피며 오래오래 사시도록 말로만 할 것이 아니라 구체적으로 돌보아 드리고 의료와 약을 제공하는 일은 아름다운 삶을 꿈꾸는 보살의 필수 덕목이다. 「범망경」에는 병든 사람을 보고 간병하지 않으면 보살계를 범하는 것이라고까지 경고하였다. 생명이 있는 모든 것을 더욱 건강하게 오래 살도록 하며 특히 사람들의 수명을 더욱 오래 지속하도록 하는 일이 만약 가능하다면 그보다 좋은 일이 어디에 있겠는가?

어떤 생명이든 생명은 그 자체만으로도 지극히 존귀한 것이다. 앞에서도 언급했듯이 죽음을 앞 둔 어떤 사형수가 남긴 글이 생명의 존엄성을 일깨우며 우리들을 감동시킨다. 감방 한 모퉁이에서 꾸물대는 작은 벌레를 보고 "차라리 저 보잘것없는 미물이 되어서라도 살 수만 있다면……"이라고 하였단다. 그래서 불교에서는 모든 생명을 살려주는 방생放生을 권장한다. 방생을 하면 내 생명도 건강해지고 연장이 된다고 가르친다. 미물까지도 방생하여 죽을 목숨을 살리는데 하물며 사람 부처님의 병을 낫게 하고 건강하게 오래오래 살 수 있게 하는데 구체적인 도움을 준다면 그것은 진정 큰 복이 되리라. 아름다운 보살의 삶이리라.

한두 번으로 하다가 마는 것이 아니라 허공계가 끝나고 중생계가 끝나고 중생의 업이 끝나고 중생의 번뇌가 끝날 때까지 내가 가진 모든 재산 모든 능력을 다 기울여 모든 사람 모든 생명이 오래오래 건강하게 살도록 하여야 할 것이다.

10. 항상 부처님을 따라 배우다

復次^{부차} 善男子^{선남자}야 言^언 常隨佛學者^{상수불학자}는 如此娑婆世界^{여차사바세계} 毘盧遮那如來^{비로자나여래}가 從^종 初發心^{초발심}으로 精進不退^{정진불퇴}하사 以不可說不可說^{이불가설불가설} 身命^{신명}으로 而爲布施^{이위보시}하며 剝皮爲紙^{박피위지}하고 析骨爲筆^{석골위필}하고 刺血爲墨^{자혈위묵}하야 書寫經典^{서사경전}을 積如須彌^{적여수미}하시니 爲重法故^{위중법고}로 不惜身命^{불석신명}이어든 何況王位^{하황왕위}와 城邑聚落^{성읍취락}과 宮殿園林^{궁전원림}과 一切所有^{일체소유}와 及餘種種難行苦行^{급여종종난행고행}이리오

경문 "선남자여, 부처님을 따라서 배운다는 것은 이 사바세계의 비로자나 부처님에서 처음 발심한 때로부터 정진하여 물러나지 않으시고 이루 다 말할 수 없이 말할 수 없는 몸과 목숨으로 보시하였느니라. 또한 가죽을 벗겨 종이로 삼고 뼈를 쪼개어 붓을 삼고 피를 뽑아 먹물 삼아서 경전 쓰기를 수미산 높이같이 하였으니 법을 소중히 여기므로 목숨도 아끼지 않았느니라. 하물며 임금의 자리나 도시나 시골이나 궁전이나 동산 따위의 갖가지 물건을 보시하는 것과 하기 어려운 고행이었겠는가."

해설 불교를 공부하는 사람들은 자신이 닮아가고자 하는 이가 부처님이다. 막연하게 부처님이 좋고 부처님이 살아 온 생애가 좋고 그 생애 중에서 하나하나가 모두 감동적이어서 좋다. 그래서 부처님이 한 일이면 항상 부처님을 따라 배우는 삶이 있게 된다.

무엇보다 부처님으로서 부처님이 된 것은 보시를 많이 행했다는 것을 빼놓을 수 없다. 그래서 6바라밀에도 그 첫째가 보시며, 사섭법四攝法 중에서도 그 첫째가 보시다. 무엇을 베풀든 무상으로 베풀어 주는 일은 사람들이 다 좋아한다. 임금의 자리에 있으면 그 나라의 모든 사람과 재물과 산해진미가 모두 임금의 것이다. 그러나 시골의 촌부가 정성 들여 장만해 온 보잘것없는 곶감 몇 개라도 그것을 갖다 준 사람이 어여쁘게 보인다는 옛 말이 있기도 하다. 임금의 자리에서 곶감 몇 개가 무엇이 그리 귀하겠는가마는 받는 것이 좋기 때문이다. 베푸는 일은 그와 같이 중요하다.

부처님과 같은 위대한 성인이 되려면 무엇보다 보시를 잘 해야 한다. 또한 보시도 경전에서 밝혔듯이 몸도 목숨도 모두 다 보시하되 올바른 진리의 가르침을 널리 전하기 위해서 몸의 가죽을 벗겨 종이로 삼고 뼈를 쪼개어 붓을 삼고 피를 뽑아 먹물을 삼아서 경전 쓰기를 수미산 높이로 보시한다고 하였다. 자신에게서 가장 소중한 몸과 목숨을 그렇게 보시하는데 하물며 자신의 벼슬자리나 기타 온갖 지위나 동산이나 부동산이나 현금이나 이러한 일체의 재산을 아끼겠는가. 법을 펴는데 그것을 아끼느라 보시하지 못한다면 법을 소중히 여기는 마음이 아니며 성불이니 견성이니 하는 것은 모두가 공염불에 불과하다. 항상 부처님을 따라 배우는 수행자의 자세가 아니다. 아름다운 보살의 삶이 아니다. 작은 것부터 하나하나 법을 위해서 보시하는 일을 연습하다 보면 자신의 재산도 아끼지 않고 사람들을 위해서 법을 펴는 일에 큰 보시도 할 수 있게 되며 아름다운 보살행의 실천도 어렵지 않은 때가 멀지 않을 것이다.

내 지 수 하　　성 대 보 리　　　시 종 종 신 통　　　기 종 종 변
乃至樹下에 成大菩提하사 示種種神通하며 起種種變
화　　　현 종 종 불 신　　처 종 종 중 회　　　혹 처 일 체
化하며 現種種佛身하사 處種種衆會하사대 或處一切
제 대 보 살 중 회 도 량　　혹 처 성 문 급 벽 지 불 중 회 도
諸大菩薩衆會道場하며 或處聲聞及辟支佛衆會道
량　　　혹 처 전 륜 성 왕 소 왕 권 속 중 회 도 량　　　혹 처
場하며 或處轉輪聖王小王眷屬衆會道場하며 或處
찰 리 급 바 라 문 장 자 거 사 중 회 도 량　　내 지 혹 처 천
刹利及婆羅門長者居士衆會道場하며 乃至 或處天
룡 팔 부 인 비 인 등 중 회 도 량　　　처 어 여 시 종 종 중 회
龍八部人非人等衆會道場하사 處於如是種種衆會
　　이　원 만 음　　　여　대 뢰 진　　　수 기 요 욕　　성 숙
하야 以 圓滿音으로 如 大雷震하사 隨其樂欲하야 成熟
중 생　　　내 지 시 현　입 어 열 반　　　　여 시 일 체　아
衆生하며 乃至示現 入於涅槃이어시든 如是一切를 我
개 수 학
皆隨學하니라

경문 또한 보리수아래서 큰 깨달음을 이루던 일이며 여러 가지 신통을 보이고 갖가지 변화를 일으키었느니라. 갖가지 부처님의 몸을 나타내어 온갖 대중이 모인 곳에 계실 적에 혹은 여러 큰 보살대중들이 모인 도량이나, 혹은 성문과 벽지불대중이 모인 도량이나, 전륜성왕과 작은 왕이나 그 권속들이 모인 도량이나, 찰제리와 바라문과 장자와 거사들이 모인 도량이나, 내지 천신들과 용과 팔부 신중과 사람인 듯 사람 아닌 듯한 이들이 모인 도량에까지 있었느니라. 이와 같은 여러 가지 큰 모임에서 원만한 음성을 천둥소리같이 하여 그들이 즐겨 하고 좋아하는 바에 따라 중생들의 근기를 성숙하게 하던 일과, 마침내 열반에 들어 보이시던 이와 같은 온갖 일을 내가 모두 따라 배우느니라.

해설 부처님을 따라 배우는 일 중에서 깨달음을 이룬 일을 빼놓을 수 없다. 어떤 방법이든 인생과 온갖 존재에 대한 이치를 깨달아야 한다. 깨달음이라는 밝은 안목이 없다면 불교를 배우고 공부하는 일이 무슨 의미가 있겠는가? 깨달음의 안목을 갖추고 나면 세상이 온통 꽃과 금은보화로 꾸며져 있는 것처럼 아름답고 긍정적으로 보인다. 여러 가지 신통과 변화와 몸을 나타내는 등등의 일은 모두가 깨달음의 안목에 의한 긍정적 사고에서 비롯된 것이다. 이 깨달음의 안목은 부처님을 따라 배우는 일 중에서 가장 중요하고 필수적인 것이다.

무엇보다 많은 대중들이 모인 도량, 보살들이 모인 도량과 성문들이 모인 도량과 벽지불들이 모인 도량과 전륜왕, 작은 왕, 찰제리와 바라문과 장자와 거사들이 모인 도량이나, 내지 천신들과 용과 팔부 신중과 사람인 듯 사람 아닌 듯 한 이들이 모인 도량에 법을 설하여 중생을 가르치고 깨우치는 일이다. 부처님은 6년간의 고행과 49년간의 설법으로 사람들을 가르치고 교화하였다. 위에서 열거한 갖가지의 도량들이 일생 동안 수많은 사람들을 만나 가르침을 펴고 깨우침을 전하였던 법석이다.

부처님의 일생에서 만약 설법하신 일을 뺀다면 아무 것도 없다. 팔만대장경이라는 위대한 가르침도 수많은 제자들도 모두가 설법을 통하여 성취한 업적이다. 부처님을 따라 배우기를 원하는 사람들은 반드시 배운 것만큼이라도 다른 사람들에게 전해 주는 노력이 있어야 한다. 특히 불자들의 가장 큰 약점이 남을 가르쳐 주려는 노력이 부족한 것이다. 겸손이 아니라 불자로서의 의무를 다하지 않는 일이며 그 동안 들은 법문에 대한 빚을 지는 일이다.

부처님에게 정성을 다하여 불공을 올리는 일은 몇 푼의 금전과 공양미와 꽃이나 향이나 초 등등으로써 할 일을 다 하였다고 생각해서는 부족하다. 부처님의 식성은 법공양이다. 다른 것을 공양 올리면 부처님은 식성에 맞지 않기 때문에 드시지 않는다. 반드시 법공양이라야 드신다는 사실을 알아야 한다. 부처님을 따라 배우는 일 중에 가장 하기 쉽고 반드시 해야 하는 일이 설법이다. 세상과 인생에 대한 참다운 이치를 사람들에게 깨우쳐 주는 일은 보살의 아름다운 삶의 모습 중에서 가장 돋보이는 일이다.

如今世尊毘盧遮那하야 如是 盡法界虛空界 十方
三世 一切佛刹 所有塵中 一切如來도 皆亦如是
어든 於念念中에 我皆隨學이니 如是 虛空界盡하며
眾生界盡하며 眾生業盡하며 眾生煩惱盡하야도 我此
隨學은 無有窮盡이니 念念相續하야 無有間斷하야 身
語意業이 無有疲厭이니라

경문 "지금의 비로자나 부처님께와 같이 온 법계 허공계 시방 삼세 모든 세계에 있는 먼지 속의 모든 부처님들도 이와 같이 하신 것을 염념이 내가 다 따라 배우는 것이니라.

이와 같이 하여 허공계가 끝나고 중생계가 끝나고 중생의 업이 끝나고 중생의 번뇌가 끝나더라도 나의 이 따라서 배우는 일은 끝나지 않고 염념이 계속하여 잠깐도 쉬지 않건 만 몸과 말과 뜻으로 하는 일은 지치거나 싫어 함이 없느니라."

해설 비로자나 부처님이라는 이름으로 석가모니 부처님의 생애를 이야기하였고 그 생애를 모두 따라 배운다고 하였다. 불교의 경전에는 부처님이 무수히 등장한다. 그러나 그것은 모두가 경전상에 등장하는 부처님이다. 그 여러 부처님들의 모델은 석가모니 부처님이다. 그래서 석가모니 부처님의 일생 그대로 과거의 부처님도 미래의 부처님도 다 같이 살아 온 것처럼 이야기하고 있다. 또한 예불문에도 우리들의 근본스승(是我本師)이신 석가모니 부처님이라고 하였다. 석가모니 부처님은 경전상에 등장하는 모든 부처님들의 근본 부처님인 셈이다. 아무튼 그 많고 많은 부처님들의 아름다운 삶을 모두 따라 배우는 삶은 보살의 아름다운 모습이다.

『화엄경』의 근본정신이 마음과 부처님과 중생, 이 셋이 차별 없이 같다고 하였으니 부처님을 보는 시각이 보다 더 넓어야 하고 전체적이어야 한다. 그래서 큰 눈과 넓은 안목으로 모든 사람, 모든 생명, 일체 존재에게서 배울 것을 찾아 낱낱이 배우는 자세를 가져야 한다. 특별한 부처님만 찾는 생각도 잘못이지만 그와 같은 특별한 부처님은 이제 어디에도 없다. 사람사람들에게서 훌륭한 점을 배우는 일은 말할 나위도 없지만, 심지어 바위에게는 그 굳은 것을 배우고, 소나무에게는 그 늘 푸른 지조와 고상함을 배우고, 대나무에게는 그 곧은 것을 배우고 바다에게는 드넓음을 배우고, 허공에게는 텅 빈 마음을 배우고, 흘러가는 구름에게는 그 변화를 배운다. 눈을 뜨고 배울 자세를 가지고 있으면 낱낱이 배울 점이요 곳곳이 스승이다.

 이러한 마음가짐을 하루나 한 달로 끝나지 않고 허공계가 끝나고 중생계가 끝나고 중생의 업이 끝나고 중생의 번뇌가 끝나더라도 나의 이 따라서 배우는 일은 끝나지 않고 염념이 계속하여야 할 것이다. 늘 남을 따라 배우는 자세와 같은 아름다움이 또 있을까. 아름다운 삶을 살아가려는 보살로서는 필수적인 덕목이다.

11. 항상 중생들을 수순하다

부차 선남자야 언 항순중생자는 위진법계허공계
復次 善男子야 言 恒順衆生者는 謂盡法界虛空界
시방찰해 소유중생의 종종차별이니 소위난생태생
十方刹海 所有衆生의 種種差別이니 所謂卵生胎生
습생화생이 혹유의어 지수화풍 이생주자하며 혹
濕生化生이 或有依於 地水火風 而生住者하며 或
유의공 급제훼목 이생주자하야 종종생류와 종종
有依空 及諸卉木 而生住者하야 種種生類와 種種
색신과 종종형상과 종종상모와 종종수량과 종종족
色身과 種種形狀과 種種相貌와 種種壽量과 種種族
류와 종종명호와 종종심성과 종종지견과 종종욕요
類와 種種名號와 種種心性과 種種知見과 種種欲樂
와 종종의행과 종종위의와 종종의복과 종종음식으로
와 種種意行과 種種威儀와 種種衣服과 種種飮食으로
처어종종촌영취락성읍궁전하니라 내지 일체천룡
處於種種村營聚落城邑宮殿하니라 乃至 一切天龍
팔부인비인등과 무족이족과 사족다족과 유색무색
八部人非人等과 無足二足과 四足多足과 有色無色
과 유상무상과 비유상비무상이니라
과 有想無想과 非有想非無想이니라

경문　"선남자여, 항상 중생들의 뜻에 수순한다는 것은 온 법계 허공계 시방세계의 중생들이 여러 가지 차별이 있어 알에서 나고 태에서 나고 습기로 나고 변화하여 나기도 하느니라. 땅과 물과 불과 바람을 의지하여 살기도 하고 허공을 의지하여 살기도 하며 풀을 의지하여 살기도 하느니라.

여러 가지 종류와 여러 가지 몸과 여러 가지 형상과 여러 가지 모양과 여러 가지 수명과 여러 가지 종족과 여러 가지 이름과 여러 가지 성질과 여러 가지 소견과 여러 가지 욕망과 여러 가지 뜻과 여러 가지 위의와 여러 가지 의복과 여러 가지 음식으로 여러 가지 시골의 마을과 도시의 궁전에 사는 이들이니라.

내지 천신과 용과 팔부신중과 사람인 듯 아닌 듯 한 것들이며, 발이 없는 것과 두 발 가진 것과 네 발 가진 것과 여러 발 가진 것들이니라. 또 몸이 있는 것과 몸이 없는 것과 생각이 있는 것과 생각이 없는 것과 생각이 있는 것도 아니고 없는 것도 아닌 것 등등이니라."

해설　항상 중생들의 뜻에 수순한다는 것은 보현보살의 열 가지 행원 중에서 참으로 마음에 드는 아름다운 마음씨가 잘 표현된 내용이다. 중생들의 뜻에 수순할 줄 아는 사람은 시대의 흐름과 세상의 변화에도 수순할 줄 안다. 이미 결정된 일과 변해가고 있는 대세에 대해서는 거역하거나 불만을 가지지 않고 잘 받아들이고 수순하며 살 줄 안다. 또한 계절과 날씨의 변화에도 잘 수순하여 거스르지 않으면서 순리대로 살 줄 안다.

경전에서 말했듯이 세상에는 얼마나 많고 많은 생명체와 중생들과 사람들이 살고 있는가? 태어나는 모습과 의지하여 사는 곳도 각양각색이다. 종류는 얼마나 많으며 몸과 형상과 모양과 수명과 종족과 이름과 성질과 소견과 욕망과 뜻 등등의 차별과 가지 수는 또 얼마나 많은가. 그들이 사는 곳은 또 얼마나 각양각색인가. 3천 년 전에 이미 그와 같은 다종다양한 생명들이 존재하였으며 오늘날 사람들의 사는 모습만 보더라도 옛날보다 더욱 다양해져서 생각과 주의 주장은 또 얼마나 복잡한가. 이와 같이 많고 많은 중생들의 뜻을 하나하나 다 수순하겠다는 마음자세는 진정한 보살이 아니면 불가능한 일이다.

또한 그들의 뜻은 한결같지가 않고 수시로 변한다. 하루에도 몇 번이나 변하는지 알 수 없지만 그들의 변하는 뜻을 모두 따라 준다는 것은 자신을 온전히 비운 사람이 아니면 참으로 불가능한 일이다. 오로지 사람과 중생들을 위해 살겠다는 보살의 비원이 잘 표현된 가르침이다. 진정으로 남을 위해서 살겠다는 보살의 아름다운 삶의 모습이다.

여시등류　　아개어피　　수순이전　　　종종승사
如是等類를 我皆於彼에 隨順而轉하야 種種承事하며
종종공양　　　여경부모　　　여봉사장　　급아라한
種種供養호대 如敬父母하며 如奉師長과 及阿羅漢과
내지여래　　등무유이　　어제병고　　위작양의
乃至如來하야 等無有異하며 於諸病苦에 爲作良醫하
　　어실도자　　시기정로　　어암야중　　위작광명
며 於失道者에 示其正路하며 於暗夜中에 爲作光明하
　　어빈궁자　　영득복장　　보살　　여시 평등요익
며 於貧窮者에 令得伏藏이니 菩薩이 如是 平等饒益
일체중생
一切衆生하나니

경문 이와 같은 갖가지 종류들을 내가 모두 그들에게 수순하느니라. 갖가지로 섬기고 갖가지로 공양하기를 부모와 같이 공경하고 스승과 아라한과 내지 부처님이나 다름이 없이 받드느니라.

병든 이에게는 의원이 되고 길 잃은 이에게는 바른 길을 보여주고 캄캄한 밤에는 빛이 되어주며, 가난한 이에게는 묻혀 있는 보배를 얻게 하면서 이렇게 보살이 일체 중생들을 평등하게 이롭게 함을 말하는 것이니라.

해설 위에서는 갖가지의 중생들을 열거하여 소개하였고 다시 중생들의 뜻을 따라 수순하는 구체적인 방법을 설명한 내용이다. 갖가지로 받들어 섬긴다는 것은 먹을 것과 입을 것과 거주할 곳과 의약품까지 모두를 받들어 공양 올리는 일이다. 나아가서 세상과 인생의 존재의 원리에 대한 바른 이치까지 깨우쳐 주어 소중한 삶을 의미 있고 보람되게 살도록 보살펴 드리는 일이다. 그와 같이 하기를 마치 부모를 공경하듯이 하며 스승을 받들어 섬기듯이 하며 큰스님이나 도인들이나 성인들을 섬기듯이 하여야 한다. 나아가서 부처님을 섬기는 것과 같이 하여 하나도 다름이 없이 하는 것이다.

병든 사람에게는 훌륭한 의사의 역할도 하고 길을 잃은 사람들에게는 바른 길을 인도하기도 한다. 캄캄한 밤에는 밝은 광명이 되어주고 가난한 이에게는 재산을 얻을 수 있게까지 하는 것이다. 이와 같은 일을 보살은 사람들을 가리지 않고 평등하게 한다. 자기의 자손들에게 모든 재산을 베풀어 주는 일은 누구나 하는 일이다. 그러나 보살행을 하는 사람은 친지나 권속이나 지연이나 학연 등등을 분별하는 친소가 없다. 그렇기 때문에 누구에게나 평등하게 그 뜻을 수순해 주는 마음을 쓴다. 참으로 아름다운 삶을 사는 보살의 인생이다. 중생들의 뜻을 수순한다는 것은 이와 같은 것이다.

하이고   보살   약능수순중생   즉위수순공양
何以故오 菩薩이 若能隨順衆生하면 則爲隨順供養
제불   약어중생   존중승사   즉위존중승사여
諸佛이며 若於衆生에 尊重承事하면 則爲尊重承事如
래   약령중생   생환희자   즉령일체여래   환
來며 若令衆生으로 生歡喜者면 則令一切如來로 歡
희
喜니라

경문　왜냐하면 보살이 만약 중생들을 수순하게 되면 곧 모든 부처님을 수순하여 공양하는 것이 되기 때문이다. 만약 중생들을 존중하여 섬기면 곧 부처님을 존중하여 섬기는 것이 되기 때문이다. 만약 중생들을 기쁘게 하면 곧 부처님을 기쁘게 하는 것이 되기 때문이니라.

해설　부처님은 왜 존재하는가? 왜 존재했었는가? 또는 보살들과 조사들과 내지 일체 성인들은 왜 존재하는가.

　그것은 모두 중생들을 위해서 존재한다. 불교가 존재하는 것도 중생들을 위한 것이고 일체 성인들의 가르침이 존재하는 것도 중생들을 위해서 존재한다. 중생들을 위하지 않는 부처님과 조사와 성인들은 있을 수도 없지만 존재할 가치도 없다. 그러므로 아름다운 삶을 살아가려는 보살들은 모든 일이 중생을 중심으로 살아야 한다. 부처님과 같이, 조사들과 일체 성인들과 같이 오로지 중생들만을 생각하며 살아야 한다.

　보현보살을 닮아가려는 모든 사람들은 진정으로 부처님께 공양 올리는 일은 중생들에게 공양 올리는 일이라는 사실을 안다. 부처님을 기쁘게 하는 일이 중생들을 기쁘게 하는 일이라는 사실을 안다. 부처님께 수순하는 일은 중생들을 수순하는 일이라는 것을 안다. 그리고 중생들을 위한 일이 곧 부처님을 위한 일이며 부처님이 할 일을 대신 하는 일이라는 사실을 안다. 그러므로 참다운 불공은 중생들에게 공양 올리는 것이다.

　성철스님의 "참다운 불공"이라는 글에 이렇게 되어 있다. "집집마다 부처님께서 계시니 부모입니다. 내 집안에 계시는 부모님을 잘 모시는 것이 참 불공입니다. 거리마다 부처님께서 계시니 가난하고 약한 사람들입니다. 이들을 잘 받드는 것이 참 불공입니다. 발밑에 기는 벌레가 부처님입니다. 보잘것없어 보이는 벌레들을 잘 보살피는 것이 참 불공입니다. 머리 위에 나는 새가 부처님입니다. 날아다니는 생명들을 잘 보호하는 것이 참 불공입니다. 넓고 넓은 우주, 한 없는 천지의 모든 것이 다 부처님입니다. 수없이 많은 이 부처님께 정성을 다하여 섬기는 것이 참 불공입니다. 이리 가도 부처님 저리 가도 부처님, 부처님을 아무리 피하려고 하여도 피할 수 없으니 불공의 대상은 무궁무진하여 미래 겁이 다하도록 불공을 하여도 끝이 없습니다. 이렇듯 한량없는 부처님을 모시고 항상 불공을 하며 살 수 있는 우리는 행복합니다. 법당에 계시는 부처님께 한없는 공양구를 올리고 불공하는 것보다, 곳곳에 계시는 부처님들을 잘 모시고 섬기는 것이 억 천만 배 비유할 수 없이 더 복이 많다고 석가세존은 가르쳤습니다." 라고 하였다.

　이것이 올바른 불교사상이며 부처님 마음이다. 중생들을 수순하는 일은 곧 부처님을 수순하는 일이다.

何以故오 諸佛如來가 以大悲心으로 而爲體故로 因
於衆生하야 而起大悲하며 因於大悲하야 生菩提心하며
因菩提心하야 成等正覺하나니 譬如曠野沙磧之中에
有大樹王하니 若根得水면 枝葉華果가 悉皆繁茂인달
하야 生死曠野 菩提樹王도 亦復如是하야 一切衆生으
로 而爲樹根하고 諸佛菩薩로 而爲華果하야 以大悲水
로 饒益衆生이면 則能成就諸佛菩薩智慧華果하나니
何以故오 若諸菩薩이 以大悲水로 饒益衆生이면 則
能成就阿耨多羅三藐三菩提故라 是故로 菩提가 屬
於衆生이니 若無衆生이면 一切菩薩이 終不能成無上
正覺이니라

경문   왜 그런가. 부처님은 자비하신 마음을 바탕으로 삼으시기 때문이니라. 중생으로 인하여 큰 자비심을 일으키고 자비로 인하여 보리심을 내고 보리심으로 인하여 정각을 이루느니라. 비유하자면 마치 넓은 모래사장에 서 있는 큰 나무의 뿌리가 물을 만나면 가지와 잎과 꽃과 열매가 모두 무성함과 같으니 나고 죽는 광야의 보리수도 또한 이와 같으니라.

일체 중생은 뿌리가 되고 부처님과 보살들은 꽃과 열매가 되어 자비의 물로 중생들을 이롭게 하면 모든 부처님과 보살들은 지혜의 꽃과 열매를 이루느니라. 왜냐하면 보살들이 자비의 물로 중생들을 이롭게 하면 최상의 깨달음을 성취하기 때문이니라. 그러므로 보리는 중생에게 달렸으니 중생이 없으면 모든 보살이 마침내 가장 훌륭한 정각正覺을 이루지 못하느니라.

해설   불교를 말할 때 흔히 지혜와 자비의 종교라고 한다. 지혜가 왼팔이라면 자비의 실천은 오른팔이 된다. 지혜가 어머니라면 자비의 실천은 아버지가 된다. 이와 같이 현명한 지혜가 내면에 충만하고 그 지혜를 바탕으로 해서 자비의 실천이 행해져야 이상적인 종교가 되며 조화로운 삶이 된다. 한 인간에게 그와 같은 조화가 완벽했을 때 그를 일러 부처님이라고 한다. 부처님은 지혜와 자비의 화신이다. 지혜에서 표현된 진정으로 자비한 마음이 근본이 되어 있기 때문에 어리석은 중생들을 보면 저절로 자비심이 샘솟는다. 그들 중생들을 진리의 세계에서 살도록 하려고 보리심을 발하고 다시 보리심으로 바른 깨달음을 이루어 더욱 더 중생들에게 진리의 가르침을 베풀게 된다.

그러므로 실은 부처님이 부처님 된 것도 중생들 덕분이다. 불쌍하고 어리석은 중생들이 있어서 그들을 제도하기 위하여 지혜와 자비를 더욱 보강하고 결국은 정각을 이루게 된 것이다. 마치 자식들을 많이 둔 부모가 자식들을 모두 다 잘 먹여 살리기 위해서 재산을 많이 모으게 되고 그로 인해 부자가 되어 넉넉히 나누어 줄 수 있게 된 것과 같은 이치다. 자식이 없다면 굳이 재산을 많이 모으지 않는다. 제도할 중생들이 없다면 굳이 지혜를 닦고 자비를 기르며 정각을 이룰 필요가 없다. 제도해야 할 중생들이 왜 없겠는가? 제도할 중생들이 없는 것이 아니라 실은 자기 자신만을 위하는 이기주의적 사고 때문에 제도해 주어야 할 중생들이 눈에 보이지 않는다는 뜻이리라.

그래서 자기 자신만을 위해서 사는 사람을 소승이라 하고 독각이라 한다. 남을 생각하지 않는 이기주의자이기 때문에 불법에 붙어사는 외도라고 비판하는 이유가 여기에 있다.

일체 중생은 뿌리가 되고 부처님과 보살들은 꽃과 열매가 된다는 경전의 가르침은 만고에 빛날 명언이다. 부모의 성공과 번영은 자식이 그 원인이 되고 뿌리가 되듯이 부처님과 보살들도 그와 같이 오로지 중생들의 덕분이다. 아름다운 삶을 지향하는 보살들은 이와 같이 중생들을 수순하는 마음이 일상적인 생활 속에 뿌리 깊게 내려져 있어야 하리라.

善男子야 汝於此義에 應如是解니 以於衆生에 心平
等故로 則能成就圓滿大悲하며 以大悲心으로 隨衆生
故로 則能成就供養如來니라 菩薩이 如是隨順衆生하
야 虛空界盡하며 衆生界盡하며 衆生業盡하며 衆生煩
惱盡하야도 我此隨順은 無有窮盡이니 念念相續하야 無
有間斷하야 身語意業이 無有疲厭이니라

경문 "선남자여, 그대는 이 이치를 이렇게 알아라. '중생들에게 마음을 평등하게 함으로써 원만한 자비를 성취하고, 자비심으로 중생들을 수순함으로써 부처님께 공양함을 성취하는 것이라'고 알아야 하느니라. 보살은 이와 같이 중생들을 수순하나니 허공계가 다하고 중생계가 다하고 중생의 업이 다하고 중생의 번뇌가 다하여도 나의 수순함은 다함이 없느니라. 염념이 계속하여 잠깐도 쉬지 않건만 몸과 말과 뜻으로 하는 일은 지치거나 싫어 함이 없느니라."

해설 불교에서 자비를 크게 외치지만 어떻게 해야 진정한 자비를 실천할 수 있을까. 자비란 보통 사람들의 인정과는 전혀 다르다. 인정이란 가까운 사람에게 베푸는 마음이다. 자신의 가족과 자식, 친지들과 이웃들 그리고 인연이 있어서 늘 함께하는 사람들에게 조건이 있으므로 저절로 가는 정이다. 그야말로 그것은 단순한 정이지 자비는 아니다.

그러나 자비란 조건이 없어도 베푸는 사랑의 마음이다. 자신과 전혀 인연이 없는데도, 오히려 자신을 미워하는데도 어여삐 여겨서 온갖 필요로 하는 것들을 아낌없이 베푸는 마음이다. 그것을 무연자비無緣慈悲라 한다.

그렇다고 아무렇게나 건네주는 사랑이 아니라 현명한 지혜로 밝게 관찰하여 상대에게 진정으로 이로운 길이 무엇인가를 잘 살펴서 베풀어야 한다. 사랑의 매라는 말이 있듯이 불교에서는 부처님이나 보살들이 진정한 자비를 베푸는 일을 보통의 중생들은 이해가 안 될 경우도 많다. 우리들의 잣대로 계산하는 자비와 깨어있는 눈으로 보는 자비와는 전혀 다르기 때문이다. 지금 이 순간은 손해인 것 같이 보이나 결과적으로는 큰 이익이 돌아가게 하는 선행도 얼마든지 있기 때문이다. 마치 병이 든 사람을 완전하게 치료하기 위해서 수술을 하는 일과 비슷하다. 우선은 없는 상처를 일부러 만들고 칼로 살을 베지만 그런 일을 통해서 몸속에 깊이 숨어 있는 모진 병을 제거하여 결과적으로 병을 완치하는 큰 소득을 가져다 주는 경우이다.

그래서 경전에서는 진정한 자비는 중생들에게 마음을 평등하게 함으로써 원만한 자비를 성취할 수 있다고 하였다. 그렇다. 모든 중생들을 가까운 사람, 먼 사람, 아는 사람, 모르는 사람 할 것 없이 다 같이 마음을 평등하게 함으로써 원만한 자비가 이루어진다. 진정한 자비가 이루어질 때 중생들을 자비로 수순할 수 있게 된다. 자비로 중생들을 수순할 때 부처님께 공양하는 일이 성취되는 것이다.

이와 같이 중생들을 수순하는 일을 하루 이틀이나 한 번 두 번 하고 그만두는 것이 아니라 허공계가 다하고 중생계가 다하고 중생의 업이 다하고 중생의 번뇌가 다할지라도 결코 지치거나 싫어하지 않고 계속하는 것이 아름다운 삶을 살고자 하는 보살의 인생이다.

12. 모두 다 회향하다

復次 善男子야 言 普皆廻向者는 從初禮拜로 乃至
부차 선남자 언 보개회향자 종초예배 내지

隨順히 所有功德을 皆悉廻向 盡法界虛空界 一切
수순 소유공덕 개실회향 진법계허공계 일체

衆生하야 願令衆生으로 常得安樂하야 無諸病苦하며 欲
중생 원령중생 상득안락 무제병고 욕

行惡法은 皆悉不成하고 所修善業은 皆速成就하며 關
행악법 개실불성 소수선업 개속성취 관

閉一切諸惡趣門하고 開示人天涅槃正路니라 若諸衆
폐일체제악취문 개시인천열반정로 약제중

生이 因其積集諸惡業故로 所感一切極重苦果를 我
생 인기적집제악업고 소감일체극중고과 아

皆代受하야 令彼衆生으로 悉得解脫하고 究竟成就無
개대수 영피중생 실득해탈 구경성취무

上菩提니 菩薩의 如是所修廻向이 虛空界盡하며 衆
상보리 보살 여시소수회향 허공계진 중

生界盡하며 衆生業盡하며 衆生煩惱盡하야도 我此廻向
생계진 중생업진 중생번뇌진 아차회향

은 無有窮盡이니 念念相續하야 無有間斷하야 身語意
무유궁진 염념상속 무유간단 신어의

業이 無有疲厭이니라
업 무유피염

경문 "선남자여, 모두 다 회향한다는 것은 처음 예배하고 공경함으로부터 중생들의 뜻에 수순함에 이르기까지 모든 공덕을 온 법계 허공계 일체중생에게 회향하여 중생들로 하여금 항상 편안하고 즐거움을 얻게 하고 병고가 없게 하기를 원하며 하고자 하는 나쁜 짓은 모두 이뤄지지 않고 착한 일은 빨리 이루어지게 하느니라.

온갖 나쁜 갈래의 문은 닫아버리고 인간이나 천상이나 열반에 이르는 바른 길은 열어 보이며 중생들이 쌓아온 나쁜 업으로 말미암아 받게 되는 모든 무거운 고통의 과보를 내가 대신 하여 받으며 그 중생들이 모두 다 해탈을 얻고 마침내는 더없이 훌륭한 보리를 성취 하기를 원하는 것이니라.

보살은 이와 같이 회향하나니 허공계가 끝나고 중생계가 끝나고 중생의 업이 끝나고 중생의 번뇌가 끝나더라도 나의 이 회향은 끝나지 않고 염념이 계속하여 쉬지 않건만 몸과 말과 뜻으로 하는 일은 지치거나 싫어 함이 없느니라."

해설 어떤 일을 하던지 회향이 가장 중요하다. 용두사미가 되는 것보다 사두용미가 되는 것이 훨씬 낫기 때문이다. 크게 시작하여 작게 끝나는 것보다는 작게 시작하여 크게 끝나는 것이 더욱 효과가 좋다.

"유종의 미"라는 말도 같은 뜻이다. 불교에서는 모든 가르침이 선행을 하기를 권한다. 그러나 그 선행의 결과를 자신이 혼자 누리기를 바라지는 않는다. 반드시 다른 사람들에게 돌아가게 하는 것을 회향이라 한다. 회향하지 않는 선행은 이기적이고 소승적이다. 불도를 닦아 높은 경지에 이른 경우도 그렇다. 산중에서 도를 닦아 자신만 누리고 더 이상 다른 사람에게 베풀지 않는다면 아무런 소용이 없다. 반드시 회향을 해야 한다.

흔히들 오랫동안 많이 쌓은 뒤에 나누고 중생제도도 한다고 하지만 그것은 틀린 말이다. 하루를 수행했으면 하루 한 것만큼만 베풀면 된다. 경전 한 줄을 배웠으면 한 줄 공부 한 것만 베풀면 된다. 상구보리 하화중생이라고 하지 않던가. 베푸는 것과 구하는 것, 배우는 것과 가르치는 것이 동시에 이루어져야 진정한 상구보리 하화중생이다. 예컨대 돈을 버는 일과 흡사하다. 1만원을 벌었으면 1만원을 모두 다 투자를 해야 10만원도 되고 100만원도 되는 길이 빨라진다. 아예 100만원이 된 뒤에 투자도 하고 다른 사람들에게 나누어 주기도 하겠다는 사람은 100만원이 되는 길이 매우 늦어질 뿐만 아니라 100만원이 되더라도 투자를 하거나 나누어 주는 일이 용이하지가 않다.

공부가 다 된 뒤에 전법을 하겠다는 사람들은 평생을 전법 한 번 하지 못하고 아무런 쓸모없는 사람으로 전락한 것을 많이 본다. 그러나 처음부터 알고 있는 것만큼만이라도 가르치겠다고 마음먹은 사람들은 평생 전법을 잘한다. 그리고 자신의 공부도 전법을 하는 사람들이 훨씬 더 많이 하게 된다. 한국의 불교가 큰 발전을 가져오지 못한 가장 큰 이유가 바로 이점이다.

2만여 명이나 되는 불교 전문가인 승려 중 포교를 하거나 전법활동을 하는 사람은 고작 몇 명 밖에 안 된다. 공부가 가득 차기를 기다리고 있다. 30년, 40년이 되면 아무런 쓸모가 없어지는 것을 모른다. 부처님이 꾸짖으신 우유 대접의 예와 같다. 매일매일 우유를 짜던 사람이 그날그날의 우유는 너무 적어서 이웃집에 나누어 줄 수가 없으니

한 달을 모았다가 한꺼번에 짜서 온 동네 사람들에게 나누어 주리라고 마음먹고 기다렸다가 한 달 후에 우유를 짜려니 우유는 이미 다 말라 버리고 없었다는 이야기다.

경전에서 말하고 있는 온갖 선행을 중생들에게 모두 다 회향하고 그 회향마저 역시 중생들에게 온갖 이익과 행복이 되게 해야 한다는 가르침은 불자로서 너무나 당연한 삶의 길이다. 하물며 아름다운 인생의 본보기인 보살은 반드시 실천해야 할 덕목이다. 이렇게 회향하는 일이 허공계가 끝나고 중생계가 끝나고 중생의 업이 끝나고 중생의 번뇌가 끝나더라도 끝나지 않아야 하리라. 보살은 모름지기 이렇게 살아가는 것이다.

13. 이익을 밝히다

善男子야 是爲菩薩摩訶薩의 十種大願이 具足圓滿
이니 若諸菩薩이 於此大願에 隨順趣入하면 則能成熟
一切衆生하며 則能隨順阿耨多羅三藐三菩提하며
則能成滿普賢菩薩 諸行願海하리니 是故로 善男子야
汝於此義에 應如是知니라

경문 "선남자여, 이것이 보살마하살의 열 가지 큰 서원이 구족하게 원만한 것이니라. 만일 모든 보살들이 이 큰 서원을 수순해서 나아가면 능히 모든 중생들을 성숙시키게 되리라. 그리고 곧 최상의 깨달음을 수순하게 되며 능히 보현보살의 수행과 원력을 원만하게 성취할 것이니라. 그러므로 선남자여 그대는 이 이치를 이렇게 알아야 하느니라."

해설 『화엄경』은 불교의 결론이다. 그리고 「보현행원품」은 『화엄경』의 결론이다. 다시 「보현행원품」을 간략하게 줄여서 말하면 보현보살의 열 가지 행원이다. 그러므로 보현보살의 열 가지 행원은 불교의 총 결론이다. 불교가 아무리 복잡다단하게 설명 되더라도 보현보살의 열 가지 행원만 잘 알고 몸소 실천에 옮기면 끝이다.

왜 그런가 하면 『화엄경』에서 선재동자가 53명의 선지식을 찾아다니면서 불교를 묻고 그 53명의 선지식들은 당신들이 평생의 수행을 통해서 깨달은 바를 선재동자에게 모두 다 설명하고 있는 것에서 우리는 불교가 무엇인지를 알 수 있는데 선재동자의 질문과 선지식들의 대답은 한결같이 보살행을 묻고 보살행을 대답하는 것으로 되어 있다. 보현보살의 십대 행원이 불교의 결론이라고 단언하는 까닭은 그 많고 많은 보살행에 대한 설명도 결국은 여기에서 밝히고 있는 보현보살의 열 가지 행원으로 압축할 수 있기 때문이다.

그래서 여기에서도 "만일 모든 보살들이 이 큰 서원을 수순해서 나아가면 능히 모든 중생들을 성숙시키게 되리라. 그리고 곧 최상의 깨달음을 수순하게 되며 능히 보현보살의 수행과 원력을 원만하게 성취할 것이니라."라고 하였다. 이것이 십대행원을 실천하는 이익이다.

　다시 말해서 불교를 믿고 불교를 공부하고 불교를 실천하는 이익이 바로 이것이다. 이 일을 위해서 불교를 믿자는 것이며 이 일을 위해서 불교를 공부하고 실천하자는 것이다. 그러므로 불교는 견성하고 성불해서 결국 무엇을 하자는 것인가 하면 보살행을 행하자는 것이다. 그 보살행이란 여기에서 밝힌 열 가지 행원이다. 모든 불자는 이 이치를 이렇게 알아야 한다.

14. 경전의 수승한 공덕

약유선남자선여인 이만시방무량무변 불가설
若有善男子善女人이 以滿十方無量無邊 不可說
불가설불찰극미진수 일체세계 상묘칠보 급제
不可說 佛刹極微塵數 一切世界 上妙七寶와 及諸
인천   최승안락   보시이소일체세계소유중생
人天의 最勝安樂으로 布施爾所一切世界所有衆生하
공양이소일체세계제불보살   경이소불찰극
며 供養爾所一切世界諸佛菩薩호대 經爾所佛刹極
미진수겁   상속부단   소득공덕   약부유인
微塵數劫토록 相續不斷하야 所得功德을 若復有人이
문차원왕   일경어이   소유공덕   비전공덕
聞此願王하고 一經於耳한 所有功德으로 比前功德하
     백분   불급일   천분   불급일   내지우바니
면 百分에 不及一이며 千分에 不及一이며 乃至 優波尼
사타분   역불급일
沙陀分에도 亦不及一이니라

경문 "만일 선남자나 선여인이 시방에 가득한 한량없고 끝이 없어서 이루 다 말할 수 없이 말할 수 없는 부처님 세계의 아주 작은 먼지 수와 같이 많고 많은 모든 세계의 가장 좋은 칠보로 보시하고, 또 천상과 인간의 가장 훌륭한 안락으로써 그러한 모든 세계의 중생들에게 보시하고, 또한 그러한 모든 세계의 부처님과 보살들께 공양하기를 그러한 세계의 아주 작은 먼지 수의 겁을 지나도록 계속하여 보시하는 공덕과 또 어떤 사람이 이 열 가지 원願을 한 번 들은 공덕을 서로 비교하면 앞의 공덕은 뒤의 것의 백분의 일도 미치지 못하고 천분의 일도 미치지 못하고 내지 우파니사타분分의 일에도 미치지 못하느니라."

해설 불교를 믿는 불자들은 부처님께 공양 올리는 일을 공덕이 가장 큰 것으로 생각하며 불공하는 것을 불자의 도리며 기본이라고 생각한다. 불공을 올리는 그 공물도 밥이나 떡이나 쌀이나 돈이나 과일이나 향과 초 등을 제일로 삼는다. 그와 같은 공물을 올리는 일이 공덕이 많다고 믿기 때문이다.

그러나 이 경전에서는 아무리 값이 비싸고 많은 금은보화와 칠보를 한량없는 부처님께 올린다 하더라도 「보현행원품」의 열 가지 원을 한 번 귀로 듣는 공덕만 같지 못하다고 하였다. 뿐만 아니라 사람들이 즐길 거리들을 많이 장만해서 그것을 무수한 사람들에게 보시하더라도 그것 역시 이 보현행원의 열 가지 내용을 한 번 듣는 것만 못하다고 하였다. 그냥 못한 것뿐만 아니라 수 억 만분의 일에도 미치지 못한다고 하였다.

참다운 불공은 물질과 생활용품으로 이바지 하는 것이 아니라 부처님이 뜻하는 바의 보현행원을 듣고 알고 실천에 옮기는 일이라는 뜻이다. 그것이 부처님께 불공을 올리는 진정한 일이기 때문이다. 물질과 생활에 도움이 되는 것으로써 사람들에게 베푸는 것은 불교가 아니라도 할 수 있는 일이며 이미 잘하고 있는 일이다. 보건복지부에서나 자선단체에서도 얼마든지 할 수 있는 일이기 때문이다. 그러나 보현보살의 열 가지 행원은 오직 이 「보현행원품」에서만이 들을 수 있는 일이며 불교에서만이 배울 수 있는 일이기 때문이다.

그리고 또 한편 물질의 보시는 아무리 많다 하더라도 한정이 있는 것이기 때문에 끝나는 때가 있지만 이 보현보살의 열 가지 행원은 한 번만 듣고 설사 실천에 옮기지 못하더라도 언젠가는 그것이 꽃이 피고 열매를 맺는 날이 올 것이 분명하기 때문에 그날이 오면 물질로 보시한 공덕과는 결코 비교할 수 없는 결과를 가져오기 때문이다. 비유하면 다이아몬드를 삼키고 그것이 똥 속에 들어가고 다시 화장실로, 거름더미로, 밭으로 논으로 돌아다니다가도 언젠가 누구의 눈에 뛰어 결국에는 다이아몬드의 값을 다할 날이 있기 때문인 것과 같다. 불자들은 이 사실을 잘 알아서 경전에서 가르치는 뜻을 바로 이해하고 진정한 불공을 할 줄 알아야 할 것이다.

혹부유인 이심신심 어차대원 수지독송
或復有人이 以深信心으로 於此大願에 受持讀誦하며
내 지 서사일사구게 속 능제멸오무간업 소
乃至 書寫一四句偈하면 速能除滅五無間業하며 所
유세간신심등병 종종고뇌 내 지 불찰극미진
有世間身心等病의 種種苦惱와 乃至 佛刹極微塵
수 일체악업 개득소제 일체마군 야차나찰
數 一切惡業이 皆得消除하며 一切魔軍과 夜叉羅刹
과 약구반다 약비사사 약부다등 음혈담육
  若鳩槃茶와 若毘舍闍와 若部多等의 飲血噉肉하는
제악귀신 개실원리 혹시발심 친근수호
諸惡鬼神이 皆悉遠離하며 或時發心하야 親近守護하
리라

경문   또 어떤 사람이 깊은 믿음으로 이 열 가지 원을 받아 지니거나 읽고 외우거나 한 게송만이라도 쓴다면 다섯 가지 무간지옥에 떨어질 죄업이라도 이내 소멸되리라. 이 세간에서 받은 몸과 마음의 병이나 갖가지 괴로움과 내지 온 세계의 아주 작은 먼지 수의 모든 악업이 다 소멸되리라. 또 온갖 마군이나 야차나 나찰이나 구반다나 비사자나 부단나 따위로서 피를 마시고 살을 먹은 몹쓸 귀신들이 모두 멀리 떠나거나 아니면 혹은 좋은 마음을 내어 가까이 있으면 수호할 것이니라.

해설   위에서는 귀로 한번 듣기만 하더라도 공덕이 그와 같다고 하였다. 이 단락에서는 열 가지의 원이 기록된 책을 지니고 다니거나 읽거나 외우거나 한 사구게를 쓴다면 어떠한 공덕이 있겠는가 하는 사실을 밝혔다. 무간지옥에 떨어질 다섯 가지의 큰 죄를 지었더라도 이 열 가지 행원을 지니고 다니거나 읽거나 외우거나 베껴 쓰면 곧바로 소멸된다고 하였다.

뿐만 아니라 이 세상에서 받은 몸과 마음의 병이나 갖가지 괴로움과 내지 온 세계의 아주 작은 먼지수의 모든 악업까지도 모두 다 소멸된다고 하였다. 그리고 온갖 마군이나 야차나 나찰이나 구반다나 비사자나 부단나 따위로서 피를 마시고 살을 먹은 몹쓸 귀신들이 모두 멀리 떠나거나 아니면 좋은 마음을 내어 가까이 있으면 수호할 것이라고 하였다. 이 얼마나 큰 공덕인가. 결코 달콤한 말로 사람들을 유혹하여 보현보살처럼 열 가지 행원을 실천하며 선량하게 살기를 바라는 마음에서 방편으로 하신 말씀이 아니다. 깨달은 사람의 안목에서 볼 때 분명한 사실을 말씀하신 것이다.

경전을 지니거나 읽고 외우고 쓰고 해설까지 한다면 그것을 일러 부처님을 대신해서 경전의 가르침을 전하는 오종법사五種法師라고 한다. 이 다섯 가지 중에 한 가지만 하더라도 부처님을 대신해서 경전을 가르치는 일이 되기 때문에 그 행위는 곧 부처님의 행위와 다를 바 없다. 이와 같은 일을 어찌 보건복지부에서 할 수 있는 일인가? 불자가 아닌 사람이 어찌 할 수 있는 일인가? 오로지 불자만이 할 수 있는 일이며 대승경전을 공부한 사람만이 할 수 있는 일이다. 그러므로 대승경전을 공부하여 부처님의 올곧은 사상을 바로 배운 사람들은 세상 사람들과 그 격이 다르다. 또한 다른 종교인들과도 현격하게 다른 사람들이다. 불교공부를 제대로 한 사람들은 반드시 이러한 문제에 대해서 높은 긍지와 자부심을 갖고 살아야 한다. 왜 그런가? 부처님을 대신해서 대승경전의 가르침을 알고 실천하는 법사이기 때문이다.

시고 약인 송차원자 행어세간 무유장애
是故로 若人이 誦此願者는 行於世間호대 無有障礙호
여공중월 출어운예 제불보살지소칭찬
미 如空中月이 出於雲翳하야 諸佛菩薩之所稱讚이며
일체인천 개응예경 일체중생 실응공양
一切人天이 皆應禮敬이며 一切衆生이 悉應供養이니
차선남자 선득인신 원만보현 소유공덕
此善男子는 善得人身하야 圓滿普賢의 所有功德하야
불구 당여보현보살 속득성취미묘색신 구
不久 當如普賢菩薩하며 速得成就微妙色身하야 具
삼십이대장부상 약생인천 소재지처 상거
三十二大丈夫相하며 若生人天하면 所在之處에 常居
승족 실능파괴일체악취 실능원리일체악
勝族하야 悉能破壞一切惡趣하며 悉能遠離一切惡
우 실능제복일체외도 실능해탈일체번뇌
友하며 悉能制伏一切外道하며 悉能解脫一切煩惱호
여사자왕 최복군수 감수일체중생공양
미 如師子王이 摧伏群獸하야 堪受一切衆生供養하리
라

경문 　그러므로 만약 이 원을 외우는 사람은 공중의 달이 구름을 벗어나듯이 어떠한 세상에 다니더라도 거리낌이 없을 것이며, 부처님과 보살들이 칭찬하고 일체 천신들과 세상 사람들이 다 예경하고 일체 중생이 다 공양하느니라. 이 선남자는 사람의 몸을 잘 얻어 보현보살의 공덕을 원만히 갖추고 오래지 않아 보현보살과 같이 미묘한 몸을 곧 성취하여 서른두 가지 대장부다운 상相을 갖추리라. 천상에나 인간에 나면 가는 곳마다 항상 으뜸이 되는 가문에 태어날 것이요, 모든 악한 갈래를 깨뜨리고 나쁜 친구를 멀리 여의며, 모든 외도들을 항복받고 온갖 번뇌를 모두 해탈하여 마치 큰 사자가 뭇 짐승들을 복습시키듯 할 것이며 모든 중생의 공양을 받을 것이니라.

해설 　불교공부를 하는 일 중에서 가장 중요하고 요긴한 방법은 대승경전을 읽고 쓰는 일이다. 두세 번 읽어본 후 다시 쓰는 것이 경전의 내용을 정확하게 알 수 있는 좋은 방법이다. 많이 쓰다 보면 외우는 것도 저절로 된다.

　옛날 서당에서 우리 선조들이 공부하신 방법 중에 하나가 외우는 일이다. 배운 것은 반드시 외워서 바치도록 한다. 외워서 바친다는 것은 선생님 앞에서 책을 덮어 놓은 채 어제 배운 부분을 줄줄 외우는 것이다. 그리고 가끔씩 연송連誦이라고 하여 책의 처음부터 어제 배운 곳까지 연결하여 외우는 일을 해야 한다. 부분부분을 외우기는 쉬우나 책 한 권을 모두 연결해서 외우기란 어렵다. 그래서 반드시 연송을 시킨다. 연송을 해야 책 한 권의 공부를 평생 동안 활용할 수 있기 때문이다. 외우지 못하면 자신의 것이 못 된다.

만약 이 「보현행원품」을 모두 외우고 다 쓸 줄 안다면 그는 보현행원사상이 몸에 배고 마음에 배어서 어디를 가나 몸과 말과 생각으로 표현될 수 있을 것이다. 보현행원사상이 몸과 마음에 무장이 되어 있다면 이 세상 어디를 다니더라도 구름에 달 가듯이 아무런 거리낌 없이 다닐 수 있을 것이다. 왜냐하면 이 사람은 모든 사람 모든 생명을 부처님으로 보고 부처님으로 받들어 섬기며 예배, 공양, 존중, 찬탄하기 때문이다. 그와 같은 사람의 삶에 무슨 어려움이 있겠는가. 또 다른 사람들을 부처님으로 받들어 섬기는 사람이라면 그도 또한 부처님처럼 존경받고 찬탄을 받을 것이므로 어디를 가나 그들도 행복하고 자신도 행복하기 때문이다. 그렇다면 부처님과 보살들이 모두 칭찬하고, 천신들이나 세상 사람들도 모두 예경하며, 일체중생들은 반드시 공양, 공경, 존중, 찬탄한다고 하는 경전의 말씀은 너무나 당연한 것이다. 그는 곧 보현보살이기 때문이며 보살의 중요한 열 가지 덕목을 모두 갖추고 살아가는 사람이기 때문이다.

우선 열심히 읽고 정확하게 외우기 위해서는 반드시 사경을 해야 한다. 사경하는 일은 정신을 집중하는 가장 훌륭한 방법이며 정신을 집중하여 사경하기 때문에 한 자 한 구절이 모두 마음 속 깊이 새겨지기 때문에 정확하게 외우게 된다. 또한 어디를 가서 판서를 하더라도 자신 있게 써 내려갈 수 있어서 남을 가르치고 전해 주는 일에도 큰 힘이 되기 때문이다.

우부시인 임명종시최후찰나 일체제근 실개
又復是人은 臨命終時最後刹那에 一切諸根이 悉皆
산괴 일체친속 실개사리 일체위세 실개
散壞하며 一切親屬이 悉皆捨離하니 一切威勢가 悉皆
퇴실 보상대신 궁성내외 상마거승 진보
退失하며 輔相大臣과 宮城內外와 象馬車乘과 珍寶
복장 여시일체 무부상수 유차원왕 불상
伏藏인 如是一切가 無復相隨호대 唯此願王은 不相
사리 어일체시 인도기전 일찰나중 즉득
捨離하야 於一切時에 引導其前하야 一刹那中에 卽得
왕생극락세계 도이 즉견아미타불 문수사
往生極樂世界하나니 到已에 卽見阿彌陀佛과 文殊師
리보살 보현보살 관자재보살 미륵보살등
利菩薩과 普賢菩薩과 觀自在菩薩과 彌勒菩薩等이니
차제보살 색상단엄 공덕구족 소공위요
此諸菩薩이 色相端嚴하며 功德具足하야 所共圍遶니라

경문 또한 사람이 목숨을 마치는 마지막 찰나에는 육신은 모두 무너져 흩어지고 모든 친척 권속은 버리고 떠나게 되고 일체의 권세도 잃게 되어 고관대작과 궁성 안팎과 코끼리, 말, 수레와 보배 창고들이 하나도 따라오지 않지만 이 열 가지 서원은 서로 떠나지 않고 어느 때에나 앞길을 인도하여 한 찰나 동안에 극락세계에 왕생함을 얻으리라. 극락에 가서는 곧 아미타불과 문수보살과 보현보살과 관자재보살과 미륵보살 등을 뵈올 것이며, 이 보살들은 모습이 단정하고 공덕이 구족하여 함께 아미타불을 둘러앉아 있을 것이니라.

해설 사람에게 참다운 재산이란 금생에 수용하고 다음, 그 다음 생에까지 함께 갈 수 있는 재산이라야 자신의 재산이라고 할 수 있다. 물론 선업과 악업의 재산도 모두 따라간다. 그러므로 선업이나 악업이나 자신의 재산임에는 틀림이 없기 때문이며 무슨 업이든 업이 따라간다는 사실이다. 물론 이 글에서 말하는 것은 보현보살의 열 가지 행원이다. 이 열 가지 행원을 지니고, 읽고, 외우고, 쓰고, 출판하고, 해설하여 화엄행자, 보현행자로서 충실하게 할 일을 다 하는 공덕이 다음 생, 그다음 생까지 계속 따라간다. 아무리 잘 가꾼 육신이라 하더라도 결국은 무너지고 친척과 권속들도 뿔뿔이 떠난다. 권세와 재산과 부귀영화야 말을 해 무엇 하랴. 일체가 무상이요, 허망한 것을. 그러나 오직 자신이 지은 업은 세세생생 따라다닌다. 그러므로 업을 잘 지어야 한다. 가장 잘 짓는 업은 바로 이 보현행원의 실천이다.

죽음을 맞이하면 모든 것이 다 떠나고 내가 지은 이 보현행원만이 진실한 재산이 되어 나의 앞길을 인도한다. 일생을 살면서 수많은 업을 지었지만 무거운 업 쪽으로 먼저 따라가게 되어있다. 그러므로 적당하게 지어서는 안 된다. 보현행원을 열심히 실천하고 절박한 심정으로 자신의 모든 힘을 다 기울여 하루하루를 살아야 한다. 마치 물에 빠진 사람이 살아남기 위해서는 송장이라도 올라타고 헤엄쳐서 뭍으로 나와야 하는 것과 같은 절체절명의 심정이 되어 보현행원을 실천하며 살아야 한다.

그와 같은 삶이라면 죽은 뒤에 무엇이 인도하여 극락세계로 가고, 가서는 곧 아미타불과 문수보살과 보현보살과 관자재보살과 미륵보살 등을 뵈올 것이라는 것이 이미 문제가 되지 않는다. 지금 이 순간이 곧 최상의 삶이며 부처로서의 삶이며 극락의 삶이다. 그러므로 자신과 함께하는 모든 사람들은 그대로가 곧 아미타불이며 문수보살이며 보현보살이며 관자재보살이며 미륵보살이다. 달리 다른 불보살이 존재하는 것은 아니다. 달리 다른 곳에 불보살이 존재한들 자신과 무슨 상관이랴. 그러므로 자신과 함께하는 모든 생명 모든 사람들이 모두 불보살이며 내가 사는 그 곳이 곧 극락세계이리라.

其人이 自見生蓮華中하야 蒙佛授記하고 得授記已에
經於無數百千萬億那由他劫토록 普於十方不可說
不可說世界에 以智慧力으로 隨眾生心하야 而爲利益
하며 不久에 當坐菩提道場하야 降伏魔軍하고 成等正
覺하야 轉妙法輪하야 能令佛刹極微塵數世界眾生으
로 發菩提心하야 隨其根性하야 敎化成熟하며 乃至 盡
於未來劫海토록 廣能利益一切眾生하리라

경문 그 사람은 자신의 몸이 절로 연꽃 위에 나서 부처님의 수기 받음을 스스로 볼 것이다. 수기를 받고는 무수한 백 천 만억 나유타 겁을 지나면서 널리 시방의 이루 다 말할 수 없이 말할 수 없는 세계에 지혜의 힘으로 중생들의 마음을 좇아 이롭게 하리라. 그리고 오래지 않아서 보리도량에 앉아 마군을 항복받고 정각을 이루리라. 다시 법문을 베풀어 세계의 아주 작은 먼지 수 세계의 중생들로 하여금 능히 보리심을 내게 하고 그들의 근기에 따라 교화하여 성취시키며 오는 세월이 다하도록 모든 중생을 널리 이롭게 할 것이니라.

해설 보현행원을 실천하는 사람들은 죽은 뒤에 보현행원을 닦은 그 힘으로 극락세계의 연꽃 위에 태어나서 불보살들을 친견하고 수기授記를 받고 지혜의 힘으로 무수한 중생들에게 이익을 베풀고 보리도량에서 마군을 항복받고 정각을 이루어 법륜을 굴리며 중생들을 제도한다는 이야기가 이어진다.

보현행원을 실천하는 한 순간 한 순간의 삶이 그대로 최상의 삶이며 부처의 삶이며 성공한 인생이라는 것을 밝힌 대목이다. 이것을 보현행을 실천한 이익이며 공덕이라고 한다. 그렇게 살기 위해서 공부하며, 불교를 믿으며, 참선하며, 염불하며, 기도하며, 돈을 벌고 사업을 한다. 인생의 지고한 가치가 여기에 있다. 모든 성인들이 세상의 부귀영화를 다 버리고 부귀영화보다도 천만 배 더 가치가 있는 삶의 길이 이것이다. 모든 사람들을 부처님으로 섬기며 예경하는 일과 모든 사람들을 여래와 같이 보며 그 불가사의한 무량공덕과 무량생명을 끝없이 찬탄하는 일이다. 마치 『법화경』의 상불경보살처럼 만나는 사람마다 부처님으로 예배하며, 찬탄하고, 섬기는 삶이 곧 최상의 삶이며 부처의 삶이라는 사실을 거듭거듭 가슴에 심어 주는 가르침이다.

특히 수기를 받는다는 말은 사람사람이 본래부터 부처님이라는 사실을 일깨워 주는 가르침이다. 사람이 본래로 부처님이므로 언제나 부처님으로 살아야 한다. 부처님으로 사는 길은 모든 사람들을 부처님으로 이해하고, 예배하고, 받들어 섬기며 사는 일이다. 자신도 부처님이며 다른 사람도 부처님이기 때문에 만나는 사람마다 부처님으로 받들어 섬기면 그도 행복하고 나도 행복하여 온 세상이 모두 행복하게 사는 지름길이 된다.

善男子야 彼諸衆生이 若聞若信此大願王하야 受持
讀誦하고 廣爲人說하면 所有功德이 除佛世尊하고는 餘
無知者라 是故 汝等은 聞此願王에 莫生疑念하고 應
當諦受하며 受已能讀하며 讀已能誦하며 誦已能持하며
乃至書寫하야 廣爲人說이니 是諸人等은 於一念中에
所有行願이 皆得成就하며 所獲福聚가 無量無邊하야
能於煩惱大苦海中에 拔濟衆生하야 令其出離하야 皆
得往生阿彌陀佛極樂世界하리라

경문 선남자여, 저 중생들이 이 열 가지 원願을 듣고 믿고 받아 지니고 읽고 외우며 출판하고 남을 위하여 연설하면 그 공덕은 부처님 외에는 알 사람이 없느니라. 그러므로 그대들은 이 원을 듣거든 의심을 내지 말고 자세히 받아들이라. 받아들이고는 읽고 읽고는 외우고 외우고는 항상 지니라. 또한 베껴 쓰고 출판하며 남에게 말하여 베풀어라. 이런 사람들은 한 순간에 모든 행원行願을 다 성취할 것이다. 얻는 복덕은 한량없고 가없으며 번뇌의 고해에서 중생들을 건져내어 생사를 멀리 여의고 모두 아미타불의 극락세계에 가서 나게 되리라.

해설 보현보살의 열 가지 행원을 듣고, 믿고, 받아 지니고, 읽고, 외우며, 출판하고, 남을 위하여 연설하면 그 공덕은 부처님 외에는 알 사람이 없다고 하였다. 이 일은 세상에서 가장 훌륭한 일이며 최고 최상의 일이며 가장 값어치 있는 일이며 가장 소중한 일이며 가장 수승한 일이며 가장 빼어난 일이며 이 일보다 더 이상 가는 일은 없는 일이다. 그러므로 부처님 외에는 그 공덕과 복덕이 얼마나 많은지 알 사람이 없다고 한 것이다. 불자로서 「보현행원품」을 읽어서 아는 사람들은 많으나 이와 같이 소중하다는 것을 가슴으로 몸으로 느끼기는 참으로 어렵다. 열심히 읽고 사유하고 마음 깊이 새겨서 자신의 삶이 되게 하여야 할 것이다. 그래서 보현보살마하살은 듣고, 믿고, 받아 지니고, 읽고, 외우며, 출판하고, 남을 위하여 연설하기를 당부하시고 또 당부하신 것이다.

생각해 보면 보현행원을 실천궁행하는 보현행자 되기가 그렇게 어려운 것은 아니다.

첫째. 종이와 먹으로 된 「보현행원품」이라는 책자를 주머니에나 손가방에나 넣고 다니기만 해도 보현행자며 보현행원 법사가 된다.

둘째. 읽기만 해도 역시 보현행자며 보현행원 법사가 되며,

셋째. 책을 출판하여도 마찬가지로 보현행자며 보현행원 법사이다.

넷째. 외워도 역시 그렇고 사경을 해도 역시 마찬가지며 남을 위해서 설명하는 일도 역시 마찬가지다. 이 가운데 한 가지만 해도 모두가 보현행자며 보현행원 법사가 된다. 얼마나 쉬운 일인가? 이와 같이만 살면 극락에 가지 않고도 극락과 같은 삶을 살게 되고 다른 사람까지도 모두 같은 삶을 누리리라.

15. 열 가지 행원을 게송으로 노래하다

爾時ᅄ 普賢菩薩摩訶薩이 欲重宣此義ᇂᅡ사 普觀十方ᄒᆞ고 而說偈言ᄒᆞ사대

所有十方世界中에 三世一切人師子를
我以清淨身語意로 一切徧禮盡無餘ᄒᆞ오대
普賢行願威神力으로 普現一切如來前ᄒᆞ며
一身復現刹塵身ᄒᆞ야 一一徧禮刹塵佛이로다

경문 이때 보현보살마하살은 이 뜻을 다시 펴려고 시방을 두루 살피면서 게송으로 말하였다.

> 온 법계 허공계의 시방세계 가운데
> 삼세의 한량없는 부처님들께
> 이 내 깨끗한 몸과 말과 생각으로
> 한 분도 빼지 않고 두루 예배하오며
> 보현보살 행과 원의 크신 힘으로
> 한량없는 부처님 앞에 나아가
> 한 몸으로 먼지 수의 몸을 나타내
> 먼지 수의 부처님께 예배합니다.

해설 경전을 기록하는 데는 산문 형식의 글이 있고 게송 형식의 글이 있다. 게송 형식의 글에는 두 가지가 있는데 첫째는 고기송孤起頌이라 하여 산문의 설명 없이 게송만으로 이치를 설명한 것이다. 「법구경」과 같은 류의 경전을 말한다. 둘째는 중송重頌이라 하여 앞에서 산문 형식으로 이치를 설명하고 나서 다시 거듭하여 그 뜻을 밝히려고 게송의 형식을 빌어서 이중으로 설법한 내용이다. 「보현행원품」의 경전도 후자의 형식에 준하여 지금까지는 산문으로 열 가지의 행원을 설명하였고 여기서부터는 게송으로 그 뜻을 거듭 밝히는 부분이다. 그러므로 번거롭게 이중, 삼중으로 열 가지의 행원에 대해서 해설할 필요는 없기 때문에 경문만 소개하고 지나간다. 그러나 산문에 없거나 혹 해설이 미진한 부분은 간단히 짚고 넘어가려 한다. 위의 게송은 앞에

나왔던 모든 부처님께 예배하는 일을 거듭 말하였다.

　지금부터 나오는 게송의 경문은 「백팔참회문」을 읽어 본 사람이면 익히 들어 본 내용이다. 「보현행원품」의 가르침이 대단히 훌륭한 내용이기 때문에 누군가가 「백팔참회문」을 지으면서 참회의 정신을 이 보현행원으로 귀결시키기 위해서 게송을 거의 다 옮겨 놓았다. 다행히 백팔참회문은 「선문일송禪門日誦」이라는 책에서 전하여 온다. 그래서 어떤 선방에서는 「백팔참회문」을 외우면서 백팔 배를 하는 것을 일과로 삼기도 한다. 참선이든 참회든 보살행으로 회향하기 위해서 하는 것이며 결국은 보살행을 실천궁행하는 것으로 회향되어야 한다는 뜻이다. 보살행이 없는 참선이나 참회는 아무리 열심히 하고 아무리 오랫동안 한다 하더라도 아무런 가치도 없고 아무런 의미도 없는 일이기 때문이다. 선원의 수선납자들이나 법당의 기도행자들은 반드시 보현행원으로 정신무장을 해서 보살행을 실천궁행해야 진실로 부처님의 밥값을 하리라 생각한다. 왜 그런가 하면 보살행이 진정한 불교이기 때문이다. 만약 보살행이 없는 불교는 이름만 불교지 불교가 아니다. 외도며 사도며 가짜 불교다. 선문에서 매일 외우는 「선문일송」을 「보현행원품」의 내용으로 만든 이유가 여기에 있다.

어 일 진 중 진 수 불
於一塵中塵數佛이

무 진 법 계 진 역 연
無盡法界塵亦然이라

각 이 일 체 음 성 해
各以一切音聲海로

진 어 미 래 일 체 겁
盡於未來一切劫토록

각 저 보 살 중 회 중
各處菩薩衆會中하니

심 신 제 불 개 충 만
深信諸佛皆充滿하고

보 출 무 진 묘 언 사
普出無盡妙言詞하야

찬 불 심 심 공 덕 해
讚佛甚深功德海로다

경문   한 개의 먼지 속 먼지 수의 부처님들이
보살대중 모인 속에 각각 계시고
온 법계의 먼지 속도 그와 같아서
부처님이 가득함을 깊이 믿으며
제각기 가지각색 음성바다로
그지없는 묘한 말씀 널리 펴내어
오는 세상 모든 겁이 다할 때까지
부처님의 깊은 공덕 찬탄합니다.

해설   앞에서 산문으로 여래를 찬탄한다는 내용을 다시 게송으로 거듭 설법한 내용이다. 산문으로 읽을 때 보다 운문으로 소리 높여서 천천히 읽어 보면 그 맛이 한결 다르리라. 여래를 찬탄하는 마음이 곧 내 가족과 내 이웃과 나와 인연 있는 모든 사람들을 찬탄하는 데로 옮겨 간다면 진정 아름다운 마음씨를 가진 보현행자이리라. 보현행자가 있는 곳은 곧 행복이 가득하리라.

이제최승묘화만
以諸最勝妙華鬘과
여시최승장엄구
如是最勝莊嚴具로
최승의복최승향
最勝衣服最勝香과
일일개여묘고취
一一皆如妙高聚하야
아이광대승해심
我以廣大勝解心으로
실이보현행원력
悉以普賢行願力으로

기악도향급산개
妓樂塗香及傘蓋인
아이공양제여래
我以供養諸如來하며
말향소향여등촉
末香燒香與燈燭을
아실공양제여래
我悉供養諸如來하며
심신일체삼세불
深信一切三世佛하고
보변공양제여래
普徧供養諸如來로다

경문

가장 좋고 아름다운 모든 꽃다발
좋은 음악 바르는 향과 보배일산과
이와 같이 훌륭한 장엄거리로
한량없는 부처님께 공양하오며

가장 좋은 의복들과 가장 좋은 향
가루 향과 사르는 향 등燈과 촛불을
하나하나 수미산과 같은 것으로
한량없는 부처님께 공양하오며

넓고 크고 잘 깨닫는 이내 맘으로
삼세의 모든 여래 깊이 믿으며
보현보살행行과 원願의 크신 힘으로
두루두루 부처님께 공양합니다.

해설 앞에서 산문으로 널리 공양을 올린다는 내용을 다시 게송으로 거듭 설법한 내용이다. 불공이란 어떤 것이 참다운 불공인가 하는 문제를 잘 밝힌 내용이다. 게송에서 만족스럽지 못하다면 다시 산문으로 돌아가서 불공의 진정한 의미를 깨달아서 바르게 행해야 하리라. 불공의 의미만 바로 알면 보현보살의 열 가지 행원도 다 따라 오리라고 생각된다.

아 석 소 조 죄 악 업　　　개 유 무 시 탐 진 치
我昔所造諸惡業이　　**皆由無始貪瞋癡**라
종 신 어 의 지 소 생　　　일 체 아 금 개 참 회
從身語意之所生이니　**一切我今皆懺悔**로다

경문 지난 세상 내가 지은 모든 악업은
성 잘내고 욕심 많고 어리석은 탓
몸과 말과 뜻으로 지었사오니
내가 이제 속속들이 참회합니다.

해설 이 글은 산문에서 모든 업장을 참회한다는 내용을 게송으로 거듭 설명하였다. 「백팔참회문」에도 올라 있지만 독송용 『천수경』에도 인용하여 쓰이고 있다. 일반적인 불교에서는 몸과 말과 뜻으로 탐, 진, 치 삼독을 지어 온갖 업장이 만들어졌으므로 이 모든 업장을 지성으로 참회하여 없앤다는 차원으로 설명하고 있다.

시방일체제중생 　　　　　이승유학급무학
十方一切諸衆生과　　　　　二乘有學及無學과
일체여래여보살 　　　　　소유공덕개수희
一切如來與菩薩의　　　　　所有功德皆隨喜로다
시방소유세간등 　　　　　최초성취보리자
十方所有世間燈의　　　　　最初成就菩提者에
아금일체개권청 　　　　　전어무상묘법륜
我今一切皆勸請하야　　　　轉於無上妙法輪이로다
제불약욕시열반 　　　　　아실지성이권청
諸佛若欲示涅槃에　　　　　我悉至誠而勸請호대
유원구주찰진겁 　　　　　이락일체제중생
唯願久住刹塵劫하사　　　　利樂一切諸衆生이로다
소유예찬공양불 　　　　　청불주세전법륜
所有禮讚供養佛과　　　　　請佛住世轉法輪과
수희참회제선근 　　　　　회향중생급불도
隨喜懺悔諸善根을　　　　　廻向衆生及佛道로다

경문

시방세계 여러 종류 모든 중생과
성문. 연각. 배우는이. 다 배운 이와
모든 부처 보살들의 온갖 공덕을
지성으로 받들어서 기뻐 합니다.

시방의 모든 세간 비추시는 등불로
큰 보리 맨 처음 이루신 이에게
더없이 묘한 법을 설하시라고
내가 지금 지성으로 권청 합니다.

모든 부처님이 열반에 드시려 할 때
이 세상에 오래 오래 머무시어서
모든 중생 건지셔서 즐겁게 하길
내가 모두 지성으로 권청 합니다.

예경 하고 공양하고 찬탄한 복과
오래 계셔서 법문하심을 권하는 복과
따라서 기뻐 하고 참회 한 선근을
중생 들과 보리 도에 회향합니다.

해설

이 글은 산문에서 남의 공덕을 따라 기뻐하는 내용과 법륜을 굴리시기를 청하는 내용과 부처님이 세상에 오래 머무시기를 청하는 내용과 그 동안 닦은 바의 모든 공덕을 널리 회향하는 내용들을 게송으로 거듭 설명하였다. 산문은 산문대로 게송은 게송대로 그 맛과 느낌이 다르다. 그래서 경전에서는 산문으로 설명하고 나서 다시 게송으로 아름답게 노래한 것이다. 가만가만 소리 내어 읊어보면 그 맛을 알리라.

아 수 일 체 여 래 학
我隨一切如來學하야
공 양 과 거 제 여 래
供養過去諸如來와
미 래 일 체 천 인 사
未來一切天人師하야
아 원 보 수 삼 세 학
我願普隨三世學하야
소 유 시 방 일 체 찰
所有十方一切刹의
중 회 위 요 제 여 래
衆會圍遶諸如來가
시 방 소 유 제 중 생
十方所有諸衆生을
획 득 심 심 정 법 리
獲得甚深正法利하야

수 습 보 현 원 만 행
修習普賢圓滿行호대
급 여 현 재 시 방 불
及與現在十方佛과
일 체 의 요 개 원 만
一切意樂皆圓滿이니
속 득 성 취 대 보 리
速得成就大菩提로다
광 대 청 정 묘 장 엄
廣大淸淨妙莊嚴에
실 재 보 리 수 왕 하
悉在菩提樹王下하시며
원 리 우 환 상 안 락
願離憂患常安樂하야
멸 제 번 뇌 진 무 여
滅除煩惱盡無餘로다

경문　내가 여러 부처님을 따라 배우고
보현보살의 원만한 행 닦아 익혀서
지난 세상 시방 세계 부처님들과
지금 계신 부처님께 공양하오며

미래 일체 스승들께 모두 다 같이
여러 가지 즐거움이 원만하도록
삼세의 부처님을 따라 배워서
보리도를 성취하기 원하옵니다.

끝없는 시방법계 모든 세계를
웅장하고 청정하게 장엄하옵고
부처님을 대중들이 둘러 모시어
보리수나무 아래 앉아 계시니

시방세계 살고 있는 모든 중생들
근심 걱정 여의어서 항상 즐겁고
깊고 깊은 바른 법 이익을 얻어
온갖 번뇌 다 없기를 원하옵니다.

해설　이 글은 앞에서 항상 부처님을 따라 배운다는 내용과 항상 중생들을 수순한다는 내용을 게송으로 다시 밝힌 것이다.

16. 원하는 바를 게송으로 노래하다

아 위 보 리 수 행 시
我爲菩提修行時에
상 득 출 가 수 정 계
常得出家修淨戒하야
천 룡 야 차 구 반 다
天龍夜叉鳩槃茶와
소 유 일 체 중 생 어
所有一切衆生語를

일 체 취 중 성 숙 명
一切趣中成宿命하고
무 구 무 파 무 천 루
無垢無破無穿漏하며
내 지 인 여 비 인 등
乃至人與非人等의
실 이 제 음 이 설 법
悉以諸音而說法이로다

경문 내가 보리를 얻으려고 수행 할 때에
모든 갈래 간 데마다 숙명통 얻고
출가하여 일체 계행 깨끗이 닦아
때 안 묻고 범하지 않고 새지 않으며

천신들과 용왕들과 구반다들과
야차들과 사람인 듯 아닌 듯한 것들
모든 중생들이 쓰고 있는 말
가지각색 음성으로 설법 하였네.

해설 보현보살이 자신이 깨달음을 얻기 위해서 온갖 수행을 한 내용들을 게송으로 말하였다. 이어서 천신이나 용왕이나 야차들까지도 그들이 쓰는 말을 사용하면서 그들이 알아들을 수 있는 말을 써서 설법하였다.

 설법의 요점은, 즉 참다운 이치의 가르침을 듣고 지니고 읽고 외우고 쓰고 출판하고 널리 해설하기를 발원하는 뜻이 담겨있다. 무엇보다 온갖 천신이나 용왕 야차까지도 알아듣는 말을 사용하였다는 것은 천차만별의 근기를 따르고 갖가지 중생들을 모두 수순한다는 수순중생의 행원이 잘 나타나있다. 불교는 첫째도, 둘째도 중생들을 위한 것이고, 셋째도 중생들을 위한 것이다. 부처님이나 보살들도 모두 중생들 때문에 부처가 되고 보살이 되었다는 이치를 생각하면 이해할 수 있는 가르침이다.

근수청정바라밀
勤修清淨波羅蜜하며

멸제장구무유여
滅除障垢無有餘하야

어제혹업급마경
於諸惑業及魔境과

유여연화불착수
猶如蓮華不着水하며

항불망실보리심
恒不忘失菩提心하야

일체묘행개성취
一切妙行皆成就하고

세간도중득해탈
世間道中得解脫하야

역여일월부주공
亦如日月不住空이로다

경문 청정한 바라밀다 꾸준히 닦아
어느 때나 보리 심을 잊지 않았고
번뇌 업장 남김없이 소멸하고서
여러 가지 묘한 행을 모두 이루며

모든 번뇌 모든 업과 마군의 경계
세간의 온갖 일에 해탈 얻으니
연꽃 잎에 물방울이 묻지 않듯이
해와 달이 허공 중을 지나가듯 하네.

해설 보현보살이 지난 세상에서 여러 가지 수행한 것을 나열하고 있는 글이다. 자신의 수행은 곧 자신에게 이익이 될 뿐만 아니라 다른 사람에게도 이익이 된다는 뜻을 내포하고 있다. 업장을 다 소멸하였으며 갖가지의 아름다운 보살행을 모두 성취하였다. 번뇌와 업과 마의 경계와 세상 일 들을 다 벗어난 것을 비유한 것이 매우 돋보인다. 마치 연꽃이 진흙이나 물에 젖지 않듯이, 또한 해와 달이 허공 중에서 머물지 않고 구름에 달 가듯이 시원시원하게 벗어나는 모습으로 그리고 있다. 상상해 보면 눈에 선하게 보이는 그림이다. 마음에 장애 되는 온갖 일들, 아무리 떨쳐 버리려 해도 떠나지 않는 갖가지 집착들, 심지어 이런 저런 인연들까지 훌훌 벗어 던지고 싶을 때가 얼마나 많은가. 이 글에서처럼 연꽃이 물방울과 진흙에 물들지 않듯이, 해와 달이 허공 중을 돌지만 허공 중에 머물지 않듯이 자유롭게 살고 싶은 마음을 경문에서 잘 표현하고 있다. 이렇게 사는 사람은 자신만의 이익이 아니라 다른 사람들에게도 큰 감동을 주어 마음을 흔들어 놓는다. 자리행自利行이 곧 이타행利他行인 도리가 여기에 있다.

실제일체악도고
悉除一切惡道苦하고

등여일체군생락
等與一切群生樂호대

여시경어찰진겁
如是經於刹塵劫토록

시방이익항무진
十方利益恒無盡하며

아상수순제중생
我常隨順諸衆生하야

진어미래일체겁
盡於未來一切劫토록

항수보현광대행
恒修普賢廣大行하야

원만무상대보리
圓滿無上大菩提로다

경문 일체 악도와 온갖 고통 모두 없애고
중생들에 평등하게 즐거움 주어
이와 같이 먼지 수의 겁을 지나며
시방중생 이익 하게 하는 일 다 함이 없네.

내 항상 중생 들을 수순하리니
오는 세상 모든 겁이 끝날 때까지
보현보살 넓고 큰 행을 닦아서
가장 높은 보리 도를 원만하리라.

해설 보현보살이 일체의 악한 길과 온갖 고통 들을 모두 없애고 중생들에게 평등하게 즐거움을 준다는 것은 악과 고통이 본래부터 세상에 존재한다는 것은 아니다. 그리고 즐거움을 준다고 하지만 즐거운 거리가 이미 존재하는 것을 가져다가 준다는 뜻도 아니다. 세상사와 인생사의 참다운 이치를 아는 것이 곧 악과 고통을 없애는 일이고 세상사와 인생사의 참다운 이치를 아는 것이 곧 즐거움이다. 그러므로 보현보살은 인생사의 참다운 이치를 스스로 깨달아서 사람들에게 낱낱이 깨우쳐 주는 일을 하는 것이 곧 악과 고통을 없애고 즐거움을 주는 일이다. 그 외에 달리 사람들이 좋아하는 즐길 거리를 가져다주는 것은 아니리라. 보현보살은 그와 같이 중생들을 성숙시킨다.

　보현보살이 설하는 게송 안에 다시 보현보살이 등장하여 보현행원과 온갖 수행을 말하는 것은 보현보살은 어느 누구의 한 사람의 보현보살이 아니다. 보현행원도 마찬가지다. 어느 한 사람의 보현행원이 아니라 모든 사람의 보현행원이기 때문에 보현행을 하는 사람은 곧 보현보살이며 보현보살은 곧 보현행원을 실천하는 사람이다. 그래서 특정인으로서의 보현보살을 가리키는 것이 아니고 보현행을 하는 모든 사람들을 지칭하기 때문이다.

소유여아동행자
所有與我同行者가
신구의업개동등
身口意業皆同等하야
소유익아선지식
所有益我善知識이
상원여아동집회
常願與我同集會하야

어일체처동집회
於一切處同集會하야
일체행원동수학
一切行願同修學하며
위아현시보현행
爲我顯示普賢行하고
어아상생환희심
於我常生歡喜心이로다

경문 나와 함께 보현행을 닦는 도반들
　　　　날 적마다 여러 곳에 함께 모이어
　　　　몸과 말과 뜻으로 하는 일 같고
　　　　모든 수행 모든 서원 같이 닦으며

　　　　나의 일을 도와주는 선지식들도
　　　　보현보살 좋은 행을 가르쳐주고
　　　　항상 나와 함께 모여 우리들에게
　　　　환희심 내기를 원하옵니다.

해설 언제 어디서나 더불어 함께하기를 원하는 가르침이다. 함께한다는 것은 같은 시간과 장소에 있다고 해서 함께하는 것이 아니라 각자의 생활공간이 다르고, 시간을 달리하여 몇 백 년 몇 천 년의 시간적인 거리를 두고 산다 하더라도 뜻과 마음이 같고, 삶의 가치관과 관심사가 같으면 시간과 공간에 관계없이 함께하는 것이 된다. 설사 같은 공간과 같은 시간에 같이 있다 하더라도 관심사가 다르고 인생의 가치관이 다르고 뜻이 다르면 함께한다고 할 수 없다.

　보현행원을 인생의 가장 소중한 가치로 생각하고 모든 삶을 보현행원에 초점을 맞추어서 사는 사람이라면 서로 시간이 다르고 공간이 다르더라도 늘 함께한다는 뜻이다. 마주하고 있어도 서로를 보지 못한다는 것은 생각이 다르고 뜻이 다르고 꿈이 다르고 삶의 가치관이 다르다는 의미이다. 지금 여기에서 부처님과 함께하고 보현보살과 함께 할 수 있는 길은 뜻을 같이하고 삶의 가치관을 같이하는 길이다.

원상면견제여래
願常面見諸如來와
어피개흥광대공
於彼皆興廣大供하야
원지제불미묘법
願持諸佛微妙法하야
구경청정보현도
究竟淸淨普賢道하야

급제불자중위요
及諸佛子衆圍遶하고
진미래겁무피염
盡未來劫無疲厭하며
광현일체보리행
光顯一切菩提行하고
진미래겁상수습
盡未來劫常修習이로다

경문 바라건대 부처님을 친견 할 때에
　　　　보살대중 모여 앉아 뫼시었거든
　　　　푸짐하고 좋은 공양 차려 올리며
　　　　오는 세상 끝나도록 지칠 줄 몰라

　　　　부처님의 묘한 법을 받아 지니고
　　　　가지가지 보리행을 빛나게 하며
　　　　청정한 보현의 도道 철저히 닦아
　　　　오는 세상 끝나도록 수행 하기 원합니다.

해설 앞의 산문에서 부처님께 공양한다는 내용이 있었다. 이 게송에서는 오는 세상이 끝난다 하더라도 푸짐한 공양을 올리는 일에 지칠 줄을 모른다는 내용과 함께 부처님의 법을 받아 지니고, 갖가지의 보리행을 빛나게 드러내며 보현행원을 철저히 닦아, 영원히 수행한다는 내용이 추가되었다.

　부처님께 물질로써 공양을 올린다 하더라도 그 일을 통해서 부처님의 참다운 이치의 가르침을 받아 지니는데 그 목적이 있음을 밝힌 것이다.

　불교에는 수많은 방편이 있다. 그 모든 방편을 통해서 결국에는 부처님의 진리의 가르침을 배우고, 이해하고, 받아들이는데 그 목적이 있다. 방편에만 그치고 방편이 목적한 바를 이루지 못한다면 크게 잘못된 불교가 된다. 예컨대 사형수가 똥통 속을 헤엄쳐서 감옥을 벗어나려고 하는 것은 생명을 부지하는데 그 목적이 있다. 만약 그렇게 하고도 생명을 부지하지 못한다면 이 얼마나 처참한 죽음이 되는가. 차라리 앉은 채로 죽음을 당하는 것이 나은 일이다. 부처님께 공양을 올리는 일을 통해서 법을 받아 지니고, 자비와 지혜의 보리도를 더욱 빛나게 하며, 보현행원을 철저히 실천하는 계기가 되어야 한다.

아 어 일 체 제 유 중
我於一切諸有中에
정 혜 방 편 급 해 탈
定慧方便及解脫에
일 진 중 유 진 수 찰
一塵中有塵數刹하고
일 일 불 처 중 회 중
一一佛處衆會中에

소 수 복 지 항 무 진
所修福智恒無盡하야
획 제 무 진 공 덕 장
獲諸無盡功德藏하며
일 일 찰 유 난 사 불
一一刹有難思佛이어든
아 견 항 연 보 리 행
我見恒演菩提行이로다

경문

시방세계 모든 곳에 두루 다니며
닦아 얻은 복과 지혜 다함이 없고
선정 지혜 방편과 해탈 법으로
그지없는 공덕장을 얻었 사오며

한 먼지에 먼지 수의 세계가 있고
세계마다 한량없는 부처님들이
간 곳마다 여러 대중 모인 속에서
보리행을 연설하심 내 항상 뵙네.

해설

불교를 믿고 공부하여 무엇을 얻자는 것인가 하는 것을 밝힌 게송이다. 불교를 믿는 공덕으로 건강이 좋고 재산이 늘어나고 벼슬이 높아서 이 세상에 있는 것은 모두 다 소유하자는 것이 아니라 오직 복덕과 지혜와 선정과 방편과 해탈을 얻고자 하는 것이다. 곳곳에서 부처님을 만나자는 일이다. 만나는 사람마다 보는 사람마다 모두모두 부처님으로 보이는 그런 눈을 얻고자 하는 것이다. 지혜와 자비의 보리행을 설법하는 자리에서 자신도 동참하여 정법을 깊이 깨닫고 진리를 알고 살자는 일이다.

보진시방제찰해
普盡十方諸刹海와
불해급여국토해
佛海及與國土海하야
일체여래어청정
一切如來語清淨하사
수제중생의요음
隨諸衆生意樂音하야
삼세일체제여래
三世一切諸如來가
항전이취묘법륜
恒轉理趣妙法輪이어든

일일모단삼세해
一一毛端三世海와
아변수행경겁해
我徧修行經劫海로다
일언구중음성해
一言具衆音聲海하야
일일류불변재해
一一流佛辯才海하며
어피무진어언해
於彼無盡語言海로
아심지력보능입
我深智力普能入이로다

경문 끝없는 시방세계 법계 바다에
털끝만한 곳곳마다 삼세의 바다
한량없는 부처님과 많은 국토에
내가 두루 수행하기 여러 겁(劫)일세.

부처님의 말씀은 훌륭하셔라.
한 말씀에 여러 가지 음성 갖추고
중생들이 좋아하는 음성을 따라
음성마다 부처님의 변재를 펴네.

삼세의 일체 모든 부처님께서
그와 같은 그지없는 말씀 바다로
깊은 이치 묘한 법문 연설하시니
나의 깊은 지혜로 들어가리라.

해설 이 경문은 산문에서 법륜 굴리기를 청하는 내용을 발원하는 마음으로 게송으로 표현하였다. 부처님의 말씀은 훌륭하다고 하면서, 한 말씀에 여러 가지 음성을 갖추고 중생들이 좋아하는 음성을 따라 말씀하시기 때문이라고 하였다. 설법을 하거나 강의를 할 때 내용도 중요하지만 음성도 대단히 중요하다. 아름답고 마음이 담긴 음성은 그 소리만으로도 다시 듣고 싶다. 그러나 음성이 듣기에 부담을 주면 아무리 좋은 내용이라도 오래 듣기가 거북스럽다.

그리고 부처님은 깊은 이치로 묘한 법문을 연설하신다고 하였다. 부처님이나 조사스님들이나 모든 깨달음을 이룬 사람들은 모든 존재의 참다운 이치(眞理)를 깨달았고 가르침 또한 모두 참다운 이치를 설하신다.

여기서 다시 불교를 생각해 본다. 즉 깨달은 사람들의 깨달음에 대한 가르침이다. 깨닫지 못해도 가르칠 수 있는 그런 평범한 내용이 아니라는 뜻이다. 여기에서 불교와 비불교의 차별이 명백해진다. 깨달은 사람만이 알 수 있는 참다운 이치를 가르치는 것만 진짜 불교다. 만약 깨닫지 못한 사람으로서도 할 수 있는 지극히 도덕적이거나 상식적인 가르침이라면 그것은 굳이 불교의 진리라고 할 필요가 없기 때문이다. 이와 같은 쉬운 일도 어느 정도의 지혜가 있어야 가능하다. 그래서 "나의 깊은 지혜로 들어가리라."라고 하였다.

아 능 심 입 어 미 래
我能深入於未來하야
삼 세 소 유 일 체 겁
三世所有一切劫으로
아 어 일 념 견 삼 세
我於一念見三世의
역 상 입 불 경 계 중
亦常入佛境界中의

진 일 체 겁 위 일 념
盡一切劫爲一念하고
위 일 념 제 아 개 입
爲一念際我皆入하며
소 유 일 체 인 사 자
所有一切人師子하고
여 환 해 탈 급 위 력
如幻解脫及威力이로다

경문 내가 능히 미래세에 들어가서는
일체의 모든 겁을 일념으로 만들고
과거 현재 미래 일체의 겁을
일념으로 만든 대로 들어가리라.

삼세의 한량없는 부처님들을
한 생각 속에서 모두 뵈옵고
부처님의 경계 속에 들어감은
환술 같은 해탈과 위신력일세.

해설 어떤 시간 어떤 공간에서도 능히 부처님의 경계에 들어가고 깨달은 사람들의 경계에 들어가는 것을 게송으로 표현하였다. 부처님과 모든 깨달은 사람들의 경계에 들어간다는 것은 그 분들과 모든 수준이 같고, 정신세계가 같다는 뜻이다. 경문에서 환술과 같은 해탈과 위신력으로 들어간다고 하였다. 그렇다. 환술과 같이 실제 하지는 않지만 뜻에 따라 필요에 따라 마음대로 사용할 수 있는 지혜와 자비와 해탈과 온갖 위신력이라야 깨달은 사람들의 경계에 들어가는 것이 가능하다. 옛말에 "도가 같아야 가히 알 수 있다."라고 하였다.

어일모단극미중
於一毛端極微中에
시방진찰제모단
十方塵刹諸毛端에
소유미래조세등
所有未來照世燈이
구경불사시열반
究竟佛事示涅槃이어든

출현삼세장엄찰
出現三世莊嚴刹하고
아개심입이엄정
我皆深入而嚴淨하며
성도전법오군유
成道轉法悟群有히사
아개왕예이친근
我皆往詣而親近이로다

경문 한 터럭 끝과 같은 아주 작은 것 속에
과거 현재 미래의 장엄한 세계가 나타나며
먼지같이 많은 시방 세계의 터럭 끝마다
내 모두 깊이 들어가 장엄하리라.

미래 세상 비추어 줄 밝은 등불들
성도하고 법륜 굴려 중생 건지고
온갖 불사 성취하고 열반에 드시리니
내가 두루 나아가서 친히 모시리라.

해설 신라의 의상스님이 지으신 법성게에 "하나의 먼지 속에 온 우주가 다 들어 있으며 모든 먼지 속에도 똑같이 그러하다."고 하였다.

세상에 있는 모든 존재는 홀로 독립되어 존재하는 것은 없으며 서로서로 연관관계를 맺을 때에만 존재가 가능하다는 존재원리의 깊은 이치를 간단히 설명한 것이다. 이 경문에는 그와 같은 내용과 아울러 보현행자의 크고 깊은 서원을 이야기하였다.

그렇게 많고 많은 세계에 삼세에 걸쳐 부처님이 계시고 부처님의 성도와 설법과 중생제도와 온갖 불사를 성취하고 열반에 드시는 모든 일들을 내가 두루 나아가서 친히 모시리라는 서원이다. 한 중생 한 생명도 그냥 지나치지 않고 내가 모두 돌보며 섬기리라는 깊고 깊은 서원의 마음이다.

17. 열네 가지 힘

속질주편신통력
速疾周徧神通力과
지행보수공덕력
智行普修功德力과
변정장엄승복력
徧淨莊嚴勝福力과
징혜방편위신력
定慧方便威神力과
청정일체선업력
淸淨一切善業力과
항복일체제마력
降伏一切諸魔力과

보문변입대승력
普門徧入大乘力과
위신보부대자력
威神普覆大慈力과
무착무의지혜력
無著無依智慧力과
보능적집보리력
普能積集菩提力과
최멸일체번뇌력
摧滅一切煩惱力과
원만보현제행력
圓滿普賢諸行力으로

경문 재빠르게 두루 미치는 신통의 힘과
넓은 문에 두루 들어가는 대승의 힘과
지혜와 행行을 널리 닦은 공덕의 힘과
위신력으로 덮어주는 큰 자비의 힘과

청정하게 두루 장엄하고 수승한 복덕의 힘과
집착도 없고 의지함도 없는 지혜의 힘과
선정과 지혜와 방편의 온갖 위신력과
널리 널리 쌓아 모은 보리의 힘과

일체 공덕 완성한 선업善業의 힘과
온갖 번뇌 물리쳐서 소멸한 힘과
모든 마군 항복 받는 거룩한 힘과
보현행을 원만하게 닦은 힘으로

해설 불교수행의 열네 가지 힘을 말하였다. 불교를 믿고 공부하면 큰 힘이 생긴다. 힘이 생긴다는 것을 잘못 이해하여 남의 전생 일을 알고 미래를 아는 힘으로 생각하면 안 된다. 영가들을 천도해 주는 힘이나 병을 낫게 하는 힘으로 생각하면 안 된다. 경문에서 밝혔듯이 주로 지혜와 자비와 선정과 방편과 보리심과 일체의 공덕을 닦은 선업과 온갖 번뇌를 소멸함과 보현보살의 행원을 원만히 수행한 그와 같은 힘을 말한다. 이와 같은 힘을 갖추는 것이 불교적인 힘이다. 그 외에는 설사 놀랄만한 힘이 있다 하더라도 그것은 모두 삿된 마군이나 외도들의 힘이다. 불교를 바르게 공부하는 사람들은 반드시 명심하여야 할 사실이다. 여기에서 소개한 불교적인 진정한 힘은 무엇을 하기 위함인가 하는 것은 이어서 설명하고 있다.

보능엄정제찰해
普能嚴淨諸刹海하니

선능분별제법해
善能分別諸法海하며

보능청정제행해
普能淸淨諸行海하며

친근공양제불해
親近供養諸佛海하며

삼세일체제여래
三世一切諸如來와

아개공양원만수
我皆供養圓滿修하야

해탈일체중생해
解脫一切衆生海하며

능심심입지혜해
能甚深入智慧海하며

원만일체제원해
圓滿一切諸願海하며

수행무권경겁해
修行無倦經劫海하며

최승보리제행원
最勝菩提諸行願을

이보현행오보리
以普賢行悟菩提로다

경문　모든 세계 곳곳마다 장엄도 하고
　　　일체 중생들을 해탈케 하며
　　　온갖 법문을 분별 잘하여
　　　지혜 바다 깊이깊이 들어가리라.

　　　어디서나 모든 행을 깨끗이 닦고
　　　가지가지 서원을 원만히 하며
　　　부처님들 친근하고 공양하오며
　　　오랜 겁을 부지런히 수행하리라.

　　　삼세의 한량없는 모든 부처님
　　　가장 좋은 보리 위한 모든 행원을
　　　내가 모두 공양하고 원만히 닦아
　　　보현 보살 행원으로 보리 이루리.

해설　위에서 열거한 열네 가지의 힘으로 무엇을 할 것인가를 밝혔다. 첫째 모든 세계를 장엄한다. 세계를 장엄한다는 것은 보현행원을 실천 수행하는 사람이 더불어 존재하는 사실이 세계를 장엄하는 것이다. 훌륭한 사람이 있는 집은 그 집이 장엄된다. 어떤 모임에도 훌륭한 사람이 참석하면 그것만으로도 그 모임은 장엄된 것이다. 한 마을이나 한 나라나 한 세계나 모두가 훌륭한 사람이 있어서 장엄하는 것이다. 어떤 경전에서는 보살이 있음으로써 국토를 장엄한다고 하였다.

　열네 가지의 힘으로 중생들을 해탈케 하며, 모든 법문을 잘 분별하며, 지혜의 바다에도 깊이 들어가며, 일체의 수행을 청정하게 닦으며, 온갖 서원을 원만히 하며, 부처님을 친근하고 공양하며, 오랜 세월 동안 수행하며, 모든 부처님들의 온갖 법 가운데서 가장 훌륭한 지혜와 자비인 보리의 행원을 원만히 닦아 보현보살의 행원을 성취한다. 즉 불교적 수행의 힘이 충만하면 지금보다 더 높은 단계의 불사를 실현하게 된다. 예컨대 선한 행위를 한 결과는 또 다시 선행을 보다 더 쉽게 잘 할 수 있는 것과 같다. 악행도 마찬가지다. 어제 운전하는 연습을 했다면 오늘은 운전을 보다 더 잘 할 수 있는 이치와 같다. 사업을 하는 것이나 글을 쓰는 일이나 모두가 같은 원리다.

18. 보현보살 문수보살과 같기를 원하다

일체여래유장자
一切如來有長子하니
피명호왈보현존
彼名號曰普賢尊이라
아금회향제선근
我今廻向諸善根하야
원제지행실동피
願諸智行悉同彼로다
원신구의항청정
願身口意恒淸淨하며
제행찰토역부연
諸行刹土亦復然이니
여시지혜호보현
如是智慧號普賢이라
원아여피개동등
願我與彼皆同等이로다

경문

일체 여래에게 모두 장자_{長子}가 있으니
그 이름 누구신가 보현보살님이라.
내가 이제 모든 선근 회향하옵고
지혜와 실천이 그와 같기를 원합니다.

몸과 말과 마음까지 늘 청정하고
모든 행_行과 세계들도 그러 함이니
이런 지혜 이름하여 보현이시니
저 보살과 같아지기 원하옵니다.

해설 이 게송을 설하는 보현보살이 보현보살과 같아지기를 원하는 내용이다. 게송을 설하는 보현보살은 무엇이며 같아지고자 하는 그 보현보살은 또 누구인가? 게송을 설하는 보현보살은 우리들 독자 모두, 즉 불교의 정법에 의한 불교적 인생을 살고자 하는 보현보살이며, 같아지고 싶은 그 보현보살은 우리들의 이상이며 모든 불자들의 이상으로서의 보현보살이다. 깨달음의 지혜를 바탕에 깔고 몸으로 힘차게 실천궁행하는 중생제도의 삶을 사는 사람이다. 다시 말하면 바람직한 불자의 상은 곧 보현행을 실천하는 사람이며 보현행이 완전무결하게 된 사람은 곧 보현보살이다. 그리고 그는 곧 여래의 장자다.

아위변정보현행
我爲徧淨普賢行과

만피사업진무여
滿彼事業盡無餘하야

아소수행무유량
我所修行無有量하야

안주무량제행중
安住無量諸行中하야

문수사리용맹지
文殊師利勇猛智요

아금회향제선근
我今廻向諸善根하야

문수사리제대원
文殊師利諸大願하야

미래제겁항무권
未來際劫恒無倦이로다

획득무량제공덕
獲得無量諸功德하며

요달일체신통력
了達一切神通力이로다

보현혜행역부연
普賢慧行亦復然하니

수피일체상수학
隨彼一切常修學이로다

경문 나는 이제 보현보살 거룩한 행과
문수보살 크신 서원 훌륭히 닦아
그분들이 하는 일을 다 원만히 하여
오는 세상 끝나도록 싫증 안 내리

내가 닦는 보현행은 한량없으니
그지없는 모든 공덕 이루어가고
끝이 없는 온갖 행에 머무르면서
일체의 신통력을 깨달으리라.

문수보살 용맹하고 크신 지혜와
보현보살 지혜의 행行 사무치고자
내가 이제 모든 선근 회향하여서
그분들을 항상 따라 배우오리다.

해설 불교에서 바라는 가장 이상적인 인물은 부처님이다. 그러나 부처님이라는 한 분만으로는 그 위대함과 훌륭하고 뛰어남을 다 표현하고 설명하기에는 어딘가 부족함이 없지 않다. 그래서 문수보살과 보현보살이 부처님의 두 가지 입장을 한 분 한 분이 맡아 담당하고 있다. 때로는 관세음보살과 대세지보살이 함께 등장하기도 한다. 이 분들을 불교에서 사대四大보살이라 한다. 『화엄경』에서는 문수보살과 보현보살이 사람으로서 생각할 수 있는 가장 이상적인 삶을 표현하고 있다. 문수는 부처님의 지혜를, 보현은 지혜에 의한 실천을 상징적으로 완벽하게 표현한 보살이다. 지혜가 있어야 바른 실천을 할 수 있기 때문에 선재동자가 53명의 선지식을 친견하는데도 처음에는 문수보살을 친견하고 끝에는 보현보살을 친견한다. 『법화경』도 처음에는 문수보살이 등장하여 부처님의 상서를 설명하고 끝에 가서 보현보살이 등장하여 결론을 짓는다.

　지혜가 없는 자비는 자비가 아니다. 치우친 인간의 정으로 흐른다. 그래서 자비의 실천 이전에 반드시 지혜를 갖추기를 권한다. 그러므로 경문에서 "나는 이제 보현보살 거룩한 행과 문수보살 크신 서원 훌륭히 닦아 그분들이 하는 일을 다 원만히 하리라."고 말하고 있다.

삼 세 제 불 소 칭 탄　　　　여 시 최 승 제 대 원
三世諸佛所稱歎인　　　**如是最勝諸大願**을
아 금 회 향 제 선 근　　　　위 득 보 현 수 승 행
我今廻向諸善根하야　　**爲得普賢殊勝行**이로다

경문 삼세의 부처님들 칭찬하신 일
　　　　이와 같이 훌륭하고 크신 서원들
　　　　내가 이제 그 선근 회향하여서
　　　　보현보살 거룩한 행行 얻고자 합니다.

해설 불교는 첫째도 보살행이요, 둘째도 보살행이요, 셋째도 보살행이다. 수많은 보살행 중에서 열 가지로 요약한 것이 보현보살의 십대행원이다. 그래서 보현보살의 십대행원은 그 방대한 『화엄경』의 결론이며 팔만대장경의 총 결론이다. 다시 반복하자면 불자의 가장 이상적인 모델인 선재동자는 53명의 선지식을 친견하면서 한결같이 질문하는 말이 오직 보살행이었다. 이처럼 보살행을 실천하자는 것이 불교라는 뜻이다.

　보살행에도 여러 가지가 있어서 불자들이 혼동을 일으키고 있다. 밥을 주고 옷을 주고 잠자리를 제공하는 것도 보살행이므로 그런 것을 사람들에게 제공하는 일에 온 힘을 기울이는 사람들이 많다. 훌륭한 일이다. 매우 좋은 일이다. 그러나 천상천하에 가장 훌륭한 우리들의 스승 석가모니 부처님의 제자로서 의식주보다 더 값지고 더 유익한 것으로써 사람들에게 이바지하는 길은 없을까? 언제나 이 문제를 염두에 두고 사람들을 섬기고 봉사를 해야 하리라. 만약 의식주보다도 몇백만 배의 가치가 더 나가는 다이아몬드가 있다면 그것으로 보시하고 봉사해야 하리라. 그렇게 하는 것이 인류 최고의 스승을 모시고 사는 최고의 제자다운 모습이리라.

19. 정토에 나기를 원하다

원아임욕명종시
願我臨欲命終時에

진제일체제장애
盡除一切諸障礙하고

면견피불아미타
面見彼佛阿彌陀하야

즉득왕생안락찰
卽得往生安樂刹이로다

아기왕생피국이
我旣往生彼國已에

현전성취차대원
現前成就此大願하야

일체원만진무여
一切圓滿盡無餘하야

이락일체중생계
利樂一切衆生界로다

피불중회함청정
彼佛衆會咸淸淨이어든

아시어승연화생
我時於勝蓮華生하야

친도여래무량광
親覩如來無量光이

현전수아보리기
現前授我菩提記로다

몽피여래수기이
蒙彼如來授記已에

화신무수백구지
化身無數百俱胝하며

지력광대변시방
智力廣大徧十方하야

보리일체중생계
普利一切衆生界로다

경문 원컨대 나의 목숨 마치려 할 때
온갖 번뇌와 업장 없애고 나서
아미타 부처님을 만나 뵈옵고
곧 바로 극락왕생하려 합니다.

내가 이미 저 세계에 태어난 다음
눈앞에서 큰 소원 모두 이루어
온갖 것을 남김없이 원만하여서
일체의 중생들을 기쁘게 하리.

부처님께 모인 대중 훌륭하시고
나는 이 때 연꽃 위에 태어나서는
아미타 부처님을 친히 뵈오며
그 앞에서 보리 수기 내게 주시리.

부처님의 보리 수기 받고 나서는
수많은 변화신을 나타내어서
넓고 큰 지혜 시방에 두루하여
일체 중생 널리 널리 이익 주리라.

해설 사람으로서 가장 바람직한 삶이 불교적인 가치관에 의한 삶이며, 불교적 가치관으로서 또한 가장 빼어난 삶의 모습이 보현행원을 실천하면서 사는 일이다. 그런데 보현행원을 마음껏 실천하고 나서 그 다음은 무엇인가. 보현행원을 더욱 잘 실천할 수 있는 조건과 환경을 만나서 보현행원을 계속하는 것이다. 이 글에서는 그에 대한 해답을 이렇게 설명하고 있다. "평생 보현행원을 실천하고 나서, 죽은 뒤에는 극락세계에 태어나서, 아미타 부처님을 친견하여 깨달음에 대한 수기를 받고, 무수한 변화신을 나타내어 크고 넓은 지혜로써 시방세계에 두루두루 다니면서, 일체중생들의 이익과 행복을 위해서 더욱 더 열심히 보현행원을 실천하는 것이다."라고 하였다.

성불하는 것도 보살행을 하자는 것이며, 견성을 하는 것도 보살행을 실천하자는 것이며, 보현행원을 실천하는 것도 역시 보살행을 실천하자는 것이다. 그러므로 불교는 처음도 보살행이며, 중간도 보살행이며, 끝도 보살행이다. 오로지 보살행을 하자고 불교를 믿고, 불교를 공부하고, 불교를 수행한다. 보살행이 없는 불교는 불교가 아니며 보살행이 없는 불교는 생각할 수조차 없다. 한 가지 더 첨부할 것은 보살행에도 저급한 보살행이 있고, 고급스런 보살행이 있다. 부처님의 제자는 가장 고급스런 보살행을 해야 한다는 것도 잊어서는 안 된다.

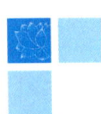

내지허공세계진 중생급업번뇌진
乃至虛空世界盡하야 衆生及業煩惱盡이여
여시일체무진시 아원구경항무진
如是一切無盡時니 我願究竟恒無盡이로다

경문 허공계와 중생계가 끝난다 하면
　　　　이내 원(願)도 그와 함께 끝나려니와
　　　　중생들의 업과 번뇌 끝없으므로
　　　　나의 원도 마침내 끝없으리라.

해설 이 게송을 앞에서의 산문 형식으로 고쳐서 읽으면 더욱 분명해 진다. "허공계가 다하여야 나의 이 보현행원도 다하려니와 허공계가 다할 수 없으므로 나의 이 보현행원도 다함이 없느니라. 이와 같이 중생의 세계가 다하고 중생의 업이 다하고 중생의 번뇌가 다하여야 나의 보현행원도 다하려니와, 중생계와 내지 중생의 번뇌가 다함이 없으므로 나의 이 보현행원도 다함이 없느니라. 염념이 계속하여 쉬지 않건만 몸과 말과 뜻으로 하는 이 일은 지치거나 싫어함이 없느니라."

　견성성불을 하고 나서 그 다음에는 무엇을 할 것인가? 또는 보현행원을 수행하고 난 다음에는 무엇을 할 것인가? 이러한 질문이 가능하다. 답은 역시 보현행원을 수행할 것이다. 미래가 다하더라도 영원히 보현행원을 수행하리라는 금강과 같은 보현행자의 인생관이다. 이것이 불교인의 삶이며 불교적 인생관이다.

20. 경전의 수승한 공덕을 노래하다

시방소유무변찰
十方所有無邊刹에
최승안락시천인
最勝安樂施天人하야
약인어차승원왕
若人於此勝願王에
구승보리심갈앙
求勝菩提心渴仰하면

장엄중보공여래
莊嚴衆寶供如來하며
경일체찰미진겁
經一切刹微塵劫이라도
일경어이능생신
一經於耳能生信하야
획승공덕과어피
獲勝功德過於彼로다

경문　가없는 시방세계 가득히 쌓은
칠보로써 부처님께 공양하여도
사람들에게 가장 좋은 즐거움을
미진겁이 다하도록 보시하여도

어떤 이가 거룩한 이 서원들을
한 번 듣고 환희하여 신심을 내어
좋은 보리 얻으려고 우러른다면
그 공덕 저 복보다 훨씬 지나가리라.

해설　불교의 경전에는 경전의 공덕에 대하여 설명한 내용이 등장한다. 『화엄경』「보현행원품」도 예외가 아니다. 그 동안 경전을 읽고 내용들을 충분히 이해하였으면 그 사람은 이미 공덕을 입은 사람이다. 그러나 경전의 깊은 뜻을 아직 이해하지 못한 사람들을 위하여 세속적인 가치기준인 금은보화와 칠보 등 온갖 값진 것으로써 비교하여 밝혔다.

　세속에서 아무리 값어치가 있는 금은보화라 하더라도 이 보현행품의 공덕과는 비교할 수 없다고 한 이유가 어디에 있는가? 보현행원이란 사람사람들이 모두가 부처님이며, 부처님인 까닭에 부처님인 사람보다 더 이상의 가치가 있는 것은 없다는 것을 밝힌 가르침이기 때문이다. 그리고 또 그 가치를 굳이 설명하자면 무량무변 불가사의 불가설 불가설 불찰 미진수 아승지라고 하더라도 아직은 그 진정한 가치의 수 억만 분의 일도 표현하지 못한 것이라는 사실을 밝힌 법문이기 때문이다. 모든 사람들의 가치는 이와 같다.

　달마대사가 중국에 처음 왔을 때 양나라 무제라는 임금이 인도에서 온 큰스님이라고 생각하여 친견하였다. 친견하자마자 자신이 지금까지 절을 수백 개 짓고, 탑을 수천 개 쌓았으며, 스님들을 수십만 명 교육시켰는데 그 공덕이 얼마나 되는가를 물었을 때 달마대사는 아무런 공덕이 없다고 하였다. 달마스님이 보기에는 임금님이 지은 공덕보다 그 공덕을 묻고 있는 활발발한 살아있는 사람 부처님이 수억 만 배의 공덕이 갖춰져 있음을 보았던 것이리라. 스스로에게 있는 크나 큰 공덕은 살펴보지 않고 곧 사라져 없어질 유형의 절과 탑을 공덕이라고 생각하고 있는 양무제가 안타까웠으리라. 「보현행원품」도 역시 이와 같은 이치를 밝힌 경전이므로 그 공덕이 매우 많다고 한 것이다.

선어록에 아래와 같은 법어가 있다.

대주大珠 스님이 처음 마조馬祖 스님을 친견하니 마조 스님이 물었다.

"무엇을 하려고 왔느냐?"

"불법을 구하려고 왔습니다."

"나에게는 한 물건도 없거늘 무슨 불법을 구하려는가? 자기의 보물을 돌아보지 아니하고 집을 버리고 돌아다녀서 무엇을 하자는 것인가?"

"어떤 것이 저의 보물입니까?"

"지금 바로 나에게 묻는 그것이 바로 너의 보물이니라. 그것은 일체를 모두 갖추었다. 그런데 무슨 바깥으로 구할 것이 있는가?"

마조스님의 이 말씀에 대주스님은 크게 깨달았다.

불교란 궁극적으로 이 사실을 가르쳐 주는 일이며, 이 사실을 깨닫는 일이다. 이보다 더 소중한 일은 없으며 이보다 더 가치 있는 일은 없다는 것을 「보현행원품」은 가르치고 있다.

21. 수행의 여러 가지 이익

즉상원리악지식
卽常遠離惡知識하며
속견여래무량광
速見如來無量光하야
차인선득승수명
此人善得勝壽命하며
차인불구당성취
此人不久當成就하야
왕석유무지혜력
往昔由無智慧力하야
송차보현대원왕
誦此普賢大願王하면
족성종류급용색
族姓種類及容色과
제마외도불능최
諸魔外道不能摧하야
속예보리대수왕
速詣菩提大樹王하야
성등정각전법륜
成等正覺轉法輪하야

영리일체제악도
永離一切諸惡道하고
구차보현최승원
具此普賢最勝願하면
차인선래인중생
此人善來人中生하며
여피보현보살행
如彼普賢菩薩行하리라
소조극악오무간
所造極惡五無間이라도
일념속질개소멸
一念速疾皆消滅하며
상호지혜함원만
相好智慧咸圓滿하며
감위삼계소응공
堪爲三界所應供하리라
좌이항복제마중
坐已降伏諸魔衆하고
보리일체제함식
普利一切諸含識하리라

경문

나쁜 벗은 항상 멀리 여의며
모든 나쁜 갈래도 영원히 만나지 않아
아미타 부처님을 빨리 뵈옵고
보현보살 좋은 서원 갖추게 되면

이 사람은 훌륭한 목숨을 얻고
이 사람은 날 적마다 인간에 나서
이 사람은 오래잖아 보현보살의
그같이 크신 행원 성취하리라.

옛적에는 어리석고 지혜가 없어
다섯 가지 무간 죄업 지었더라도
보현보살이 서원을 읽고 외우면
한 순간에 저 죄업 사라지리라.

날 적마다 좋은 가문 잘 생긴 용모
복과 지혜 모든 공덕 다 원만하여
마군이나 외도들도 어쩔 수 없고
삼계의 중생에게 좋은 공양 받게 되리라

오래잖아 보리수 아래에 앉아
여러 가지 마군들을 항복받나니
정각을 성취하고 법을 설하여
가없는 중생들에 이익 주리라.

해설 보현행원을 수행함으로 나쁜 벗을 만나지 않고, 악도에도 떨어지지 않으며, 극락세계에 가서 아미타 부처님을 친견하고, 또 다시 보현행원을 갖추게 된다고 하였다. 설사 무간지옥에 떨어질 다섯 가지 죄업을 지었더라도 보현행원을 읽고 외우면 죄업이 순식간에 사라진다고 하였다. 보현행원이 얼마나 위대한가. 보현행원을 실천한 이익은 이루 말로 다 표현할 수 없이 크다. 일일이 다 소개하지 못하므로 경문을 숙독하며 음미하여 가슴에 깊이 새겨야 할 일이다.

22. 받아 지니기를 노래하다

약인어차보현원　　　독송수지급연설
若人於此普賢願에　　讀誦受持及演說하면
과보유불능증지　　　결정획승보리도
果報唯佛能證知니　　決定獲勝菩提道하리라
약인송차보현원　　　아설소분지선근
若人誦此普賢願하면　我說少分之善根을
일념일체실개원　　　성취중생청정원
一念一切悉皆圓하야　成就衆生淸淨願하리라
아차보현수승행　　　무변승복개회향
我此普賢殊勝行의　　無邊勝福皆廻向하야
보원침익제중생　　　속왕무량광불찰
普願沈溺諸衆生으로　速往無量光佛刹하야지이다

경문 누구든지 보현보살 서원들을
읽고 외워 받아 지녀 연설한다면
부처님이 그 과보를 아시오리니
반드시 보리도를 얻게 되리라.

누구든지 이 서원 읽고 외우라.
그 선근의 한 부분 내 말하리니
한 순간에 모든 공덕 다 원만하고
중생들의 청정한 원 성취하리라.

바라건대 보현보살 거룩한 행의
그지없이 훌륭한 복 다 회향하노니
삼계 고해 빠져 있는 모든 중생들
아미타불 극락세계에 어서 가사이다.

해설 경전을 공부하고 나서 그 내용과 가르침에 감동하고 여러 사람들에게 전해지기를 간절히 바라는 뜻에서 무엇인가 해 보려고 하는 사람들을 법사라 한다.

법사에는 다섯 가지의 법사[五種法師]가 있다고 『법화경』에서는 설하였다.

첫째. 종이와 먹으로 된 경전을 지니고 다니는 사람이다. 지닌다는 뜻에는 마음속에 깊이 감동하여 그 사상이 잘 배어 있는 사람들을 지니는 사람이라고도 하지만 가장 손쉬운 수지受持, 즉 지니는 일은 경전 책을 지니는 것이다.

둘째. 경전을 읽는 일이다.

셋째. 경전을 외우는 일이다.

넷째. 경전을 쓰거나 출판하는 일이다.

다섯째. 다른 사람에게 설명하는 일이다.

이 다섯 가지 중에서 한 가지만 하더라도 이미 부처님의 말씀인 경전을 전하는 법사라고 한다. 이 얼마나 쉬운가. 법사는 부처님께서 하시는 일을 대신하는 사람이며 또한 부처님의 심부름을 하는 사람이다. 참으로 큰 임무를 수행하는 사람이라고 할 수 있다. 이런 사람은 세상에서 가장 값진 삶을 사는 사람이다.

「보현행원품」을 끝내면서 모든 사람들이 보현행자가 되어서 이 다섯 가지 중에 하나만이라도 실천하기를 권하는 게송이다.

23. 여래가 찬탄하다

爾時_에 普賢菩薩摩訶薩_이 於如來前_에 說此普賢廣
大願王淸淨偈已_{하신대} 善財童子_가 踊躍無量_{하며} 一
切菩薩_이 皆大歡喜_{어늘} 如來_가 讚言_{하사대} 善哉善哉_라
하시니라

경문 이때 보현보살마하살이 부처님 앞에서 이러한 보현의 큰 서원과 훌륭한 게송을 읊자 선재동자는 뛸 듯이 기뻐하였다. 또한 여러 보살들도 크게 환희하였다. 그리고 부처님께서는 "훌륭하도다. 훌륭하도다."라고 찬탄하셨다.

해설 불교의 이상인 보살의 실천덕목을 흔히 육도만행六度萬行, 또는 십도만행十度萬行이라고 한다. 여러 가지 바라밀을 상황에 따라 무수히 많은 방향으로 응용하여 실천하는데 그 중에서 가장 대표적인 것이 보현보살의 열 가지 행원이다. 그 행원을 모두 이야기하였고 다시 게송으로 못다 한 가르침과 앞에서 하신 말씀도 아름답고 외우기 쉽도록 노래하였다. 그러자 모든 불교수행자들의 대표이자 본보기인 선재동자가 뛸 듯이 기뻐하였다. 물론 선재동자와 처음부터 선지식 탐방을 함께하였던 5백 동자와 5백 동녀들도 같은 마음이었으리라. 그 외 일체 보살들도 모두모두 환희하였다고 한다. 그것을 바라본 부처님은 "훌륭하도다. 훌륭하도다."라고 찬탄하였다. 이 말은 번역하지 말고 그냥 "선재 선재善哉善哉라"라고 읽는 것이 좋다. 왜냐하면 훌륭하다는 뜻 외에도 착하다, 잘 했다, 귀엽다, 고맙다, 감사하다, 똑똑하다 등등 여러 가지의 의미를 포함하고 있기 때문이다.

24. 신수봉행信受奉行하더라

이시   세존   여제성자보살마하살   연설여시불
爾時에 世尊이 與諸聖者菩薩摩訶薩로 演說如是不
가사의해탈경계승법문시   문수사리보살   이위
可思議解脫境界勝法門時에 文殊師利菩薩이 而爲
상수   제대보살   급소성숙육천비구   미륵보
上首하시며 諸大菩薩과 及所成熟六千比丘와 彌勒菩
살   이위상수   현겁일체제대보살   무구보현
薩이 而爲上首하시며 賢劫一切諸大菩薩과 無垢普賢
보살   이위상수   일생보처   주관정위   제대
菩薩이 而爲上首하시며 一生補處로 住灌頂位한 諸大
보살   급여시방종종세계   보래집회   일체찰해
菩薩과 及餘十方種種世界에 普來集會한 一切刹海
극미진수제보살마하살중   대지사리불   마하
極微塵數諸菩薩摩訶薩衆과 大智舍利弗과 摩訶
목건련등   이위상수   제대성문   병제인천일
目犍連等이 而爲上首어든 諸大聲聞과 幷諸人天一
체세주   천룡 야차 건달바 아수라 가루라 긴나
切世主와 天龍 夜叉 乾闥婆 阿修羅 迦樓羅 緊那
라 마후라가   인비인등   일체대중   문불소설
羅 摩睺羅伽와 人非人等의 一切大衆이 聞佛所說하
          개대환희   신수봉행
사옵고 皆大歡喜하야 信受奉行하시니라

경문　그때 부처님께서 성스럽고 거룩한 여러 보살마하살과 함께 이와 같은 불가사의한 해탈경계의 훌륭한 법문을 연설하실 때 문수사리보살을 상수로 한 여러 큰 보살들과 그들이 성숙시킨 육천 비구와 미륵보살을 상수로 한 현겁賢劫의 일체 모든 대보살들과 무구보현보살이 상수로 한 일생보처로서 정수리에 물을 붓는 지위에 있는 여러 큰 보살들과 그리고 시방의 가지가지 세계에서 모여온 모든 세계의 아주 작은 먼지 수 같이 많은 모든 보살마하살들과 큰 지혜 있는 사리불과 마하목건련 등이 상수로 한 여러 큰 성문들과 아울러 여러 인간세상과 하늘세상의 주인들과 천신, 용왕, 야차, 건달바, 아수라, 가루라, 긴나라, 마후라가, 사람인 듯 사람 아닌 듯한 등등의 일체 대중들이 부처님의 말씀을 듣고 모두 크게 기뻐하여 믿고 받들어 행하였다.

해설　여기까지가 경전 중에서 가장 길고 방대한 『대방광불화엄경』의 끝이다. 『화엄경』은 길고 방대할 뿐만 아니라 부처님이 깨달으신 내용을 하나도 남김없이, 그리고 방편이라는 거품도 없이 진리의 순수성을 철저히 드러낸 경전이다. 그래서 '부처님의 깨달음은 인류사에 가장 큰 사건이며 그 깨달음의 내용을 남김없이 표현한 『화엄경』은 인류가 남긴 최대의 걸작품이다.'라고 서슴없이 말한다.

　거의 모든 경전은 "이와 같은 사실들을 보고 들었습니다(如是我聞)."라고 시작하여 "부처님의 말씀을 듣고 모두 크게 기뻐하여 믿고 받들어 행하였다(聞佛所說 皆大歡喜 信受奉行)."라고 끝을 맺는다. 물론 이 「보현행원품」은 길고 긴 『화엄경』의 1백분의 1정도에 해당하는 맨 끝 부분이다.

그러나 『화엄경』의 결론과 불교의 결론이 잘 나타나 있어서 하나의 완벽한 경전으로서도 전혀 손색이 없다. 만약 이 「보현행원품」도 길다고 느껴지면 부처님이 영산회상에서 들어 보였던 한 송이 꽃을 불교라고 생각해도 상관없다. 한 송이 꽃도 번거롭다면 구지선사의, 아니 이 글을 읽는 여러분들의 한 손가락으로도 불교는 충분하다. 이와 같이 불교는 늘리면 팔만장경이요, 줄이면 한 손가락이다. 모두가 이해하는 사람들의 마음에 달려 있고 안목에 달려 있을 뿐이다.

그러나 그와 같은 깊은 이치를 삶에 활용하지 못한다면 이 「보현행원품」을 읽고 또 읽어서 몸소 실천할 수 있도록 하는 것이 최선의 길이리라.

보현행원을 가장 간단하게 요약해서 표현하면 "사람사람이 모두 부처님이라는 사실을 깊이 이해하고 모든 사람들을 부처님으로 받들어 섬기면 그도 행복하고 나도 또한 행복하다. 나아가서 모든 사람이 이 이치를 실천하면 전 인류가 모두 행복하게 사는 길이 여기에 있다."는 가르침이다.

이와같이 살았으면
- 무비스님의 「보현행원품」 해설 -

발 행 일 | 2008년 7월 25일 초판 1쇄
     2023년 5월 17일 초판 22쇄
펴 낸 곳 | 도서출판 염화실

저 자 | 如天 無比
발 행 인 | 김진욱

출판등록 | 2007-11-11
주 소 | 609-844
     부산광역시 금정구 청룡동 546
전 화 | 051) 515-7870 / 508-3043

법공양 동참 계좌번호: 부산은행
   241-12-023353-4 김진욱 (무비스님)

불교공부의 叢林 다음카페 염화실
   http://cafe.daum.net/yumhwasil

이 책을 복사하기를 환영합니다.
  널리 법공양하면 공덕이 무량합니다.

ISBN 978-89-960813-2-6